SAINT-MARTIN
SAINT-BARTHÉLEMY

3e édition

Pascale Couture

ÉDITIONS
ULYSSE

Le plaisir... de mieux voyager

Auteure
Pascale Couture

Chef de projet
Claude Morneau

Adjointe
Stéphane G. Marceau

Correcteur
Pierre Daveluy

Metteure en page
Stéphane G. Marceau

Directeur de collection
Claude Morneau

Directrice de production
Pascale Couture

Cartographes
Patrick Thivierge
Yanik Landreville

Illustratrices
Lorette Pierson
Marie-Annick Viatour

Photographes
Page couverture
Mark Bolster (Réflexion)
Pages intérieures
Claude Hervé-Bazin
Lorette Pierson

Directeur artistique
Patrick Farei (Atoll)

Remerciements : Benoit Prieur et Stéphanie Couture; Mmes Élise Magras (Office du tourisme de Saint-Barthélemy), Rollina Bridgewater et Maryse Romney (Office du tourisme de Saint-Martin) pour leur aide.

DISTRIBUTION

Canada : Distribution Ulysse, 4176, St-Denis, Montréal (Québec) H2W 2M5 , ☎ (514) 843-9882, poste 2232, ☎ 800-748-9171, fax : (514) 843-9448, www.ulysse.ca, guiduly@ulysse.ca

États-Unis : Distribooks, 8120 N. Ridgeway, Skokie, IL 60076-2911, ☎ (847) 676-1596, fax : (847) 676-1195

Belgique-Luxembourg : Vander, 321, avenue des Volontaires, B-1150 Bruxelles, ☎ (02) 762 98 04, fax : (02) 762 06 62

France : Vilo, 25, rue Ginoux, 75737 Paris Cedex 15, ☎ 01 45 77 08 05, fax : 01 45 79 97 15

Espagne : Altaïr, Balmes 69, E-08007 Barcelona, ☎ (3) 323-3062, fax : (3) 451-2559

Italie : Centro cartografico Del Riccio, Via di Soffiano 164/A, 50143 Firenze, ☎ (055) 71 33 33, fax : (055) 71 63 50

Suisse : Diffusion Payot SA, p.a. OLF S.A., Case postale 1061, CH-1701 Fribourg, ☎ (26) 467 51 11, fax : (26) 467 54 66

Pour tout autre pays, contactez Distribution Ulysse (Montréal).

Données de catalogage avant publication (Canada). (Voir p 7)

Bibliothèque nationale du Québec
Dépôt légal - Deuxième trimestre 1999 ISBN 2-89464-205-9

«La mer, qu'on voit danser
le long du golfe clair,
a des reflets d'argent...»

Charles Trenet

SOMMAIRE

SYMBOLES

≡	Air conditionné
⊛	Baignoire à remous
⊖	Centre de conditionnement physique
	Coup de cœur Ulysse pour les qualités particulières d'un établissement
ℂ	Cuisinette
pdj	Petit déjeuner inclus dans le prix de la chambre
≈	Piscine
ℝ	Réfrigérateur
ℜ	Restaurant
△	Sauna
⇄	Télécopieur
☎	Téléphone
tv	Téléviseur
tlj	Tous les jours
⊗	Ventilateur

CLASSIFICATION DES ATTRAITS

★	Intéressant
★★	Vaut le détour
★★★	À ne pas manquer

CLASSIFICATION DES HÔTELS

Les tarifs mentionnés dans ce guide s'appliquent, sauf indication contraire, à une chambre standard pour deux personnes, en haute saison.

CLASSIFICATION DES RESTAURANTS

Les tarifs mentionnés dans ce guide s'appliquent, sauf indication contraire, à un repas pour une personne, excluant le service et les boissons.

$	moins de 60F
$$	de 60F à 125F
$$$	de 125F à 200F
$$$$	plus de 200F

$	moins de 10$US
$$	de 10$US à 20$US
$$$	de 20$US à 30$US
$$$$	plus de 30$US

LISTE DES CARTES

SYMBOLES DES CARTES

Information touristique
Aéroport
Gare routière
Navette maritime
Hôpital
Forteresse
Montagne
Plage
Bureau de poste
Église

ÉCRIVEZ-NOUS

Tous les moyens possibles ont été pris pour que les renseignements contenus dans ce guide soient exacts au moment de mettre sous presse. Toutefois, des erreurs peuvent toujours se glisser, des omissions sont toujours possibles, des adresses peuvent disparaître, etc.; la responsabilité de l'éditeur ou des auteurs ne pourrait s'engager en cas de perte ou de dommage qui serait causé par une erreur ou une omission.

Nous apprécions au plus haut point vos commentaires, précisions et suggestions, qui permettent l'amélioration constante de nos publications. Il nous fera plaisir d'offrir un de nos guides aux auteurs des meilleures contributions. Écrivez-nous à l'adresse qui suit, et indiquez le titre qu'il vous plairait de recevoir (voir la liste à la fin du présent ouvrage).

Éditions Ulysse
4176, rue Saint-Denis
Montréal (Québec)
H2W 2M5
www.ulysse.ca
guiduly@ulysse.ca

Données de catalogage avant publication (Canada).

Couture, Pascale, 1966 -
Saint-Martin, Saint-Barthélemy 3e éd.
(Plein Sud Ulysse)

Comprend un index.
ISBN 2-89464-205-9

1. Saint-Martin (Guadeloupe) - Guides. 2. Saint-Barthélemy - Guides.
I. Titre II. Collection
F2103.C68 1999 917.297'604 C99-940832-1

Les éditions Ulysse reconnaissent l'aide financière du gouvernement du Canada par l'entremise du Programme d'Aide au Développement de l'Industrie de l'Édition (PADIÉ) pour ses activités d'édition.

Les éditions Ulysse tiennent également à remercier la SODEC pour son soutien financier.

Situation géographique dans le monde

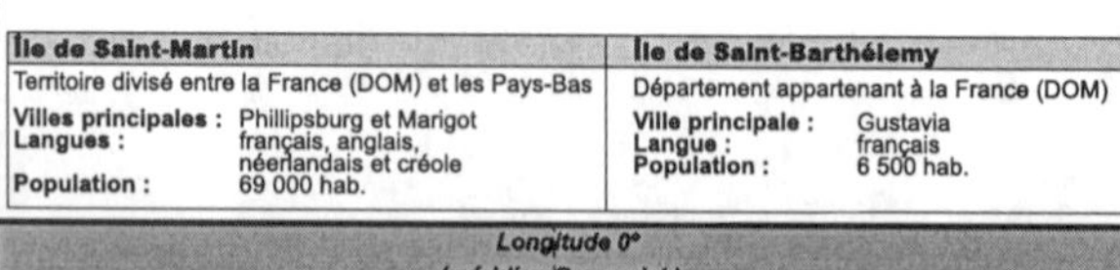

Île de Saint-Martin	Île de Saint-Barthélemy
Territoire divisé entre la France (DOM) et les Pays-Bas	Département appartenant à la France (DOM)
Villes principales : Phillipsburg et Marigot **Langues :** français, anglais, néerlandais et créole **Population :** 69 000 hab.	**Ville principale :** Gustavia **Langue :** français **Population :** 6 500 hab.

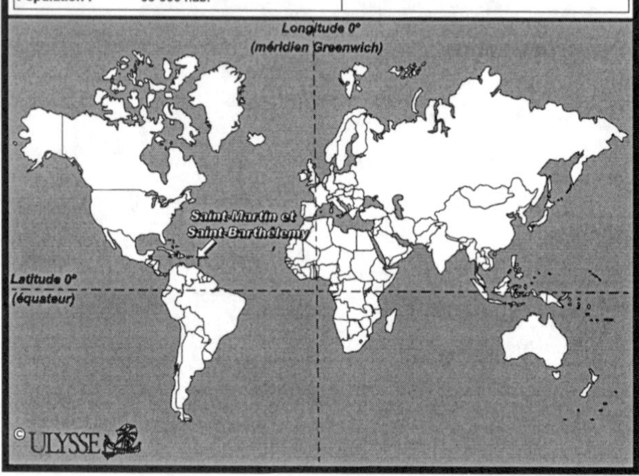

PORTRAIT

Baie Orientale, Long Bay, Oyster Pond, Anse de Grande Saline, autant de plages qui évoquent l'éclat du soleil sur les flots azurés, le sable fin qui caresse les pieds, le clapotis des vagues, l'odeur du vent salé... symphonie pour les sens qui invite au farniente.

Saint-Martin et Saint-Barthélemy, ces deux îlots situés au nord de l'archipel des Petites Antilles, ont été, à maintes reprises, l'objet de convoitises. Ce furent sans doute des autochtones de langue arawak qui s'y installèrent les premiers, il y a plus de 3 500 ans. Seuls à profiter de ces terres paisibles pendant des siècles, ils seront suivis d'autres vagues successives d'immigrants venus d'Amérique du Sud. Puis, c'est au tour des Européens à vouloir les posséder, lesquels, en l'espace de moins de deux siècles, en deviennent les seuls maîtres.

Les colons français et néerlandais s'y établissent peu à peu, mais, loin d'y trouver l'abondance espérée, ils sont tenus à cultiver un sol pauvre. Durant des décennies, la nature ne sera pas de leur côté; le soleil intense et les ouragans seront la cause de bien des souffrances. Abandonnant lentement l'espoir d'y cultiver quoi que ce soit, ils parviendront à réellement tirer profit d'une nature jusque-là indomptée, grâce aux plages idylliques et aux flots miroitants dont viennent profiter des milliers de visiteurs chaque année.

GÉOGRAPHIE

L'archipel des Petites Antilles, long chapelet composé de plus d'une centaine d'îlots, a été formé il y a plusieurs millions d'années par la dérive des plaques tectoniques. En effet, une montée de magma poussa alors la plaque atlantique vers les côtes américaines. Cette plaque, s'enfonçant sous une autre plaque plus petite, la plaque caraïbe, fit émerger une foule de petites îles : les Petites Antilles.

À l'extrémité nord de cet archipel, Saint-Martin présente les caractéristiques d'une île sèche. Les versants des collines qui se dressent en son centre sont couverts d'une végétation clairsemée, avec arbustes et cactus. Son paysage se distingue également par de longs croissants de sable ponctués de quelques lianes et de raisiniers Bord-de-Mer, ainsi que par de grands étangs d'eau salée (étang de Simson Bay, Great Pond). Ces marais salants, qui ont été exploités dès les premiers temps de la colonisation, ont été formés par la sédimentation à l'embouchure des rivières torrentielles (dont les volumes en sédiments sont particulièrement élevés durant les crues cycloniques), créant ainsi de longs cordons littoraux sableux qui sont parvenus à enclaver de grandes lagunes.

Quelque 30 km au sud de Saint-Martin, Saint-Barthélemy émerge des eaux telle une petite masse montagneuse et ne totalise guère plus de 25 km² de superficie. Les montagnes forment le cœur de cette terre où s'entortillent des routes en lacets menant à des bourgades. Les quelques maisons coquettement entretenues des villages sont entourées d'une végétation qui pousse difficilement sur ce sol volcanique pauvre, sans lac ni rivière. La formation de l'île est tout à fait similaire à celle de Saint-Martin, et l'on y retrouve également de grands étangs d'eau salée. Ici aussi, les superbes plages et les panoramas idylliques font partie de l'héritage le plus précieux de cette terre française.

Les îles de Saint-Martin et de Saint-Barthélemy sont balayées par les alizés, ces vents chargés de vapeurs soufflant d'est en ouest et survolant l'océan Atlantique. Dans les îles, en entrant en contact avec les abruptes montagnes, la vapeur se condense et se transforme en pluie. Leur côte est, dénommée «côte-au-vent», reçoit ainsi des ondées qui permettent le développement d'une végétation verdoyante. Leur côte ouest, qui donne sur la mer des Caraïbes, est protégée des alizés par ces mêmes montagnes et porte le nom de «côte-sous-le-vent». Ne recevant que de rares ondées, la végétation qui croît sur les côtes ouest est rabougrie et n'est essentiellement composée que de broussailles et de cactus.

Typhons, cyclones et ouragans

Que l'on parle de typhon en Asie, de cyclone dans le sud-ouest de l'océan Indien ou d'ouragan dans la mer des Caraïbes, il s'agit toujours du même phénomène, soit une perturbation tropicale. Sa formation résulte de la présence d'une forte quantité d'eau ainsi que d'une température supérieure à 26°C par une profondeur océanique de plusieurs dizaines de mètres. Les ouragans se déplaçant d'est en ouest, accompagnés de vents violents dont la vitesse est supérieure à 120 km/h, vont parfois frapper les îles et causent alors des dégâts considérables. C'est ce qui se passa en septembre 1995, alors que l'ouragan Luis, un des plus forts à être enregistré au XXe siècle, a balayé les côtes des îles de Saint-Martin et de Saint-Barthélemy, détruisant la végétation et dévastant villes et hameaux. Rapidement, les habitants ont dû se relever de cette catastrophe naturelle d'une incroyable intensité, et les travaux de reconstruction ont été entrepris. Les traces de l'ouragan Luis ont été tant bien que mal effacées, seul le côté néerlandais de Saint-Martin (Sint-Maarten) portant encore quelques plaies.

FAUNE ET FLORE

La faune

Sur ces îles volcaniques surgies des eaux, comme sur les autres îles des Petites Antilles n'ayant jamais été rattachées au continent américain, habite une faune terrestre peu diversifiée. En fait, les mammifères qui y évoluent ont tous été introduits par l'homme. Parmi ceux-ci, mentionnons la mangouste, qui fut amenée à Saint-Martin à l'époque coloniale afin de combattre les serpents (le trigonocéphale) et les rats qui détruisaient les récoltes. Cependant, elle s'attaque aussi à diverses espèces indigènes, et particulièrement à certains oiseaux qui nichent au sol et qui jusque-là ne connaissaient pas de prédateurs; la mangouste extermina ainsi plusieurs espèces.

La vie animale est cependant multiple dans les îles, les reptiles y étant notamment omniprésents. Les lézards, comme l'anolis, l'anolis-de-terre et le nocturne mabuya, comptent parmi les espèces qui évoluent sur ces terres de soleil. N'atteignant jamais plus d'une trentaine de centimètres, ils sont insectivores ou omnivores. Un autre reptile hante ces îles, l'**iguane**, qui peut mesurer 1 m de long. Frugivore, insectivore, et quoique impressionnant, il est inoffensif.

La faune ailée

La faune ailée est sans conteste la plus riche de l'île et, où que vous soyez, vous pourrez observer des oiseaux. Pour vous aider à les identifier, voici une petite description des espèces que vous serez le plus susceptible de voir. Muni de bonnes jumelles et d'un peu de patience, vous pourrez sans doute en contempler plusieurs.

Le **pélican brun** possède un plumage brun grisonnant et se distingue par son long cou, pourvu d'une énorme gorge, ainsi que par son long bec gris. Il se tient généralement seul ou en petit groupe volant à la queue leu leu. On peut l'apercevoir près des plages. Il peut atteindre 140 cm. Il est l'emblème de Saint-Barthélemy.

Pélican brun

La **frégate superbe**, ce très grand oiseau noir, possède des ailes qui, une fois déployées, peuvent atteindre une envergure de 2,5 m. On distingue le mâle de la femelle par sa gorge rouge, la femelle en possédant une blanche. On la voit fréquemment au-dessus des flots planant silencieusement en quête de nourriture.

Frégate superbe

Le **martin-pêcheur** se retrouve dans l'est de l'Amérique du Nord et dans les Petites Antilles. Il se reconnaît à ses plumes bleues, à sa gorge blanche et à son ventre blanc, mais surtout à sa grosse tête coiffée d'une huppe qui semble en désordre. Au-dessus de l'eau, il fait parfois du surplace avant de plonger.

Les hérons, ces échassiers, se donnent souvent rendez-vous près des mangroves et des étangs. Parmi les différentes espèces présentes, on peut rencontrer le **grand héron**, qui peut atteindre 132 cm de haut. Il est facilement identifiable à sa tête blanche, au centre de laquelle se trouve une plume noire descendant jusqu'à son cou. Son corps est recouvert de plumes grises et blanches. Vous aurez certainement la chance d'observer une autre espèce de héron, le **héron garde-bœuf**, qui se retrouve fréquemment dans les champs en compagnie du bétail. Mesurant environ 60 cm, cet oiseau blanc a, sur la tête, quelques plumes orangées. Il a immigré dans les Antilles au début des années cinquante; auparavant, on ne l'apercevait qu'en Afrique. S'étant fort bien adapté, il compte aujourd'hui de nombreux représentants dans les Antilles. Enfin, peut-être entendrez-vous le son bien particulier du petit **héron vert**, d'une taille d'environ 45 cm, dont le dos et les ailes sont de couleur grise tirant sur le vert.

Héron vert

Héron garde-bœuf

Échassier haut d'environ 35 cm, l'**échasse d'Amérique** peut s'apercevoir dans les marais et près des mangroves. Elle se démarque par son dos, ses ailes, son bec et la partie supérieure de sa tête (dont l'œil) noirs ainsi que par son ventre et la portion inférieure de sa tête de couleur blanche. Ses pattes sont très fines et roses.

Échasse d'Amérique

Petit oiseau d'une dizaine de centimètres de haut, le **sucrier** se rencontre partout dans les Petites Antilles. On le reconnaît facilement à son dos gris foncé ou noir ainsi qu'à sa gorge et son ventre jaunes. Il se nourrit de nectar et du jus de nombreux fruits tels que la papaye et la banane. Parfois, ce petit oiseau gourmand s'arrête aux tables des terrasses pour se délecter de quelques grains de sucre.

Sucrier

Les **colibris**, ces minuscules oiseaux-mouches au plumage foncé et irisé de reflets bleus ou verts, se nourrissent d'insectes et de nectar, aussi peut-on les apercevoir près des arbres et des arbustes fleuris. Deux espèces peuvent être aperçues, soit le **colibri vert**, qui peut atteindre 12 cm et possède des plumes bleues sur la poitrine et la queue, ainsi que le **colibri huppé**, qui ne pèse pas plus de 2 g et dont la tête est surmontée d'une petite huppe aux couleurs verte et bleue.

Les tourterelles comptent diverses espèces de la taille d'un pigeon. La plus répandue est la **tourterelle à queue carrée**, dont le dos est brun alors que le ventre, la gorge et la tête sont couverts de plumes beiges légèrement rosées. En outre, elle a, de chaque côté de la tête, une tache bleutée. Une autre espèce que vous pourrez peut-être observer, la **tourterelle commune**, a un plumage gris tirant sur le brun et la gorge mouchetée de noir et de blanc.

Les fonds marins

Au large des îles, les fonds marins peu profonds et les eaux toujours chaudes (environ 20°C) offrent un habitat idéal pour le développement des coraux, ces colonies de cœlentérés, c'est-à-dire de minuscules organismes qui façonnent des polypiers calcaires, aux formes et couleurs multiples, pour s'abriter. Ces coraux se sont développés le long des «côtes-sous-le-vent» pour mieux s'abriter des vents violents. L'abondance de plancton qui gravite autour des coraux attire une faune marine d'une riche diversité, composée entre autres de poissons de toutes tailles, comme le thon, le thazard, en de rares occasions le requin, le poisson-perroquet, le poisson-coffre, le rouget et le poisson-ange, ainsi que d'animaux tels que les éponges et les oursins.

La flore

Bien que l'on note la présence de plantes verdoyantes sur les «côtes-au-vent», une flore rabougrie, alimentée par des pluies peu abondantes, caractérise le paysage de ces deux îles antillaises que sont Saint-Martin et Saint-Barthélemy. Sur les flancs escarpés des collines poussent des arbustes et des cactus qui s'accrochent tant bien que mal à un sol pauvre et, à certains endroits, les plantes semblent pousser à même le roc.

Ce tableau s'anime toutefois de mille coloris. Les fleurs, d'une incroyable exubérance, y croissent toute l'année, égayant l'horizon d'un rouge, d'un rose ou d'un jaune éclatant. Hibiscus, lauriers roses, balisiers, orchidées ou alpinias ornent jardins et parcs. Arbres et arbrisseaux, entre autres le bougainvillier et le flamboyant, les branches chargées de fleurs, complètent ce tableau luxuriant et combien enchanteur.

À certains endroits pousse une végétation singulière que vous pourrez observer le long des côtes, sans oublier la flore marine, que vous côtoierez en plongeant à la découverte des fonds marins.

Les paysages côtiers

En maint endroit sur les côtes de Saint-Barthélemy et de Saint-Martin s'étendent de superbes croissants de sable blanc; certains, comme c'est le cas de la magnifique Baie Orientale, sont longs de plus de 1 km. En bordure des plages croît une végétation bien particulière, essentiellement composée de lianes rampantes, de raisiniers, identifiables à leurs fruits semblables à de gros raisins verts, de palmiers ainsi que, à de rares endroits, de dangereux mancenilliers, qui se distinguent par leurs petites feuilles vertes et rondes pourvues d'une nervure centrale jaune. Les mancenilliers sont généralement marqués d'une croix rouge ou identifiés par un écriteau, car ils produisent un suc vénéneux qui peut provoquer de graves brûlures.

Les palmiers

Les palmiers, ces grands arbres omniprésents dans le paysage des îles antillaises, se retrouvent en fait à travers le monde. Il n'existe non pas une seule variété de cette plante à fleurs du groupe des monocotylédones, mais bien 2 779 espèces. Cette grande variété d'espèces de palmiers pousse autant dans les forêts humides et les déserts que sur les littoraux océaniques et les montagnes. Hormis les palmiers-lianes, les caractéristiques d'une espèce à l'autre sont similaires. Leur tige, dont le diamètre varie peu de la base aux feuilles, n'est pas un tronc mais un stipe qui se termine par un bouquet de feuilles. C'est en son centre qu'apparaissent les nouvelles pousses, les feuilles plus âgées tombant et dévoilant la tige.

Certaines espèces de cet arbre ont des usages multiples, notamment le palmier royal, le latanier et le cocotier, dont la tige sert de matériau de construction, dont le fruit (la noix de coco) est un mets populaire, dont les feuilles sont utilisées dans la construction de toitures et dont la fibre permet la création, entre autres choses, de chapeaux.

La mangrove

La mangrove, cette étrange forêt poussant dans les eaux salées et la vase, est composée essentiellement de palétuviers, dont le plus répandu est le palétuvier rouge, facilement reconnaissable à ses racines aériennes. Des arbustes et des plantes croissent également dans cette zone immergée et, plus en retrait dans les terres, le mangle-rivière se développe dans des eaux moins salées. Au cœur de cette forêt impénétrable, résident quantité d'êtres vivants, entre autres des oiseaux et des crustacés, mais surtout une multitude d'insectes variés. Cet écosystème complexe et fragile joue un rôle essentiel pour la faune des îles, qui y trouve nourriture et protection. À Saint-Martin, au sud de la Baie Orientale, se trouve la baie de l'Embouchure, où vous pourrez observer, au loin, une mangrove qui a été endommagée par le passage de l'ouragan Luis en 1995, et qui se remet peu à peu.

UN PEU D'HISTOIRE

Bien avant que Colomb ne découvre le Nouveau Monde, des Amérindiens s'étaient installés dans les îles antillaises. Leurs ancêtres, tout comme les autres peuples autochtones d'Amérique, sont venus d'Asie septentrionale, franchissant le détroit de Béring vers la fin de la période glaciaire avant d'occuper la presque totalité du continent par vagues migratoires successives. En raison de l'isolement géographique des Caraïbes, ce n'est que tardivement que les Amérindiens ne s'y aventurent.

Dénommé «Ciboney», le premier groupe indigène à entreprendre un périple vers les îles des Caraïbes serait arrivé à Saint-Martin il y a plus de 3 500 ans. Un millénaire plus tard, une seconde vague d'indigènes venus des Andes, les Huécoïdes, de langue arawak, s'y seraient à leur tour établis. Puis, c'est le tour des Saladoïdes, également de langue arawak, à venir dans l'île. Ce sont les peuplades de cette troisième vague qui migrent vers la République dominicaine, où ils rencontrent vraisemblablement quelques descendants des Ciboneys. Ces peuplades se mêlent alors (dénommés «Saladoïdes modifiés») et reviennent s'installer sur Saint-Martin entre les années 800 à 1200. Des vestiges découverts dans l'île de Saint-Martin témoignent de ces lointaines origines et de ces mouvements migratoires. Peuple de pêcheurs, ils construisaient leur village au bord de la mer, d'où ils puisaient l'essentiel de leur nourriture. Ils ont également laissé des souvenirs qui révèlent leur dextérité et leur art, notamment des tessons de poterie d'argile.

Pendant des siècles, ces peuplades de langue arawak sont les seuls maîtres des îles, jusqu'à ce qu'un autre peuple autochtone, les Caraïbes (quatrième vague migratoire venue d'Amérique du Sud, de la région située entre les fleuves Orénoque et Amazone), convoite à son tour les îles. Une féroce guerre est alors faite aux Arawaks, qui, étant moins bien équipés pour se défendre, ne peuvent résister et abandonnent certaines terres. Les Caraïbes étaient d'ailleurs parvenus à contrôler l'ensemble des Petites Antilles. À Saint-Barth (diminutif de Saint-Barthélemy), ils venaient pêcher le lambi. Il semble cependant qu'aucun n'alla à Saint-Martin. Les fouilles archéologiques des sites caraïbes des Petites Antilles attestent que ce peuple, connu pour maîtriser la fabrication d'armes, en particulier la hache, ne possédait pas les qualités artistiques de ses prédécesseurs.

La découverte des Antilles

Au matin du 3 août 1492, Christophe Colomb, à la tête d'une flottille de trois caravelles, la *Santa María*, la *Pinta* et la *Niña*, financée par les rois catholiques d'Espagne et d'Aragon, lève les voiles pour entreprendre un voyage vers l'ouest dans le but de trouver une nouvelle route vers l'Asie. Ce périple de deux mois à travers l'océan Atlantique l'amène dans l'archipel des Caraïbes, et plus précisément dans une île des Bahamas que les Amérindiens dénomment *Guanahani*. Marquant ainsi, le 12 octobre 1492, la «découverte» officielle de l'Amérique, Colomb et ses hommes se croient alors au large de l'Asie du Sud-Est.

Pendant quelques semaines, Colomb et son équipage explorent Guanahani et ses environs, nouant les premiers liens avec les Amérindiens, puis poursuit sa route vers Cuba, dont il longe les côtes. Le marin génois continue ensuite vers les côtes d'une autre île, *Tohio* pour les autochtones, qu'il rebaptise «Isla Espagnola» (ou Hispaniola). Longeant les côtes et explorant une partie de cette île qu'il trouve magnifique, il envisage rapidement la possibilité d'y établir une colonie espagnole. Le naufrage de la *Santa María* lui en fournit le prétexte, et un fort y est érigé. Quelques semaines plus tard, Colomb, enthousiasmé, retourne en Espagne, laissant derrière lui 39 soldats.

Une dizaine de mois s'écoule avant que Colomb n'entreprenne son second périple en Amérique. Lorsqu'il revient à Hispaniola, il constate rapidement qu'il ne reste plus rien du fort et des soldats : ils ont été massacrés par les Amérindiens. Les soldats auraient-ils abusé de l'hospitalité des Amérindiens? Toujours est-il que des expéditions punitives contre les Amérindiens sont alors entreprises. Colomb, qui était revenu avec le matériel et les hommes nécessaires à la fondation d'une cité espagnole, ne se laisse toutefois pas décourager et y fonde une première ville.

Les Arawaks d'Hispaniola lui ayant parlé d'autres peuplades habitant des îles plus au sud, Colomb décide de continuer son exploration dans cette direction jusqu'au chapelet d'îlots que forment les Petites Antilles. Ces îlots, parfois dépourvus d'eau potable et peuplés de Caraïbes qui sont prêts à défendre farouchement leur territoire, n'ont rien pour retenir le marin génois. Il aborde les côtes de plusieurs îles, entre autres celles de la Dominique puis de la Guadeloupe, où il s'arrête pendant quelque temps pour faire provision d'eau douce. Reprenant sa route vers le nord, il croise alors Saint-Barthélemy, qu'il nomme en l'honneur de son frère Bartolomé. Le 11 novembre, jour de la Saint-Martin de l'année 1493, il longe les côtes d'une petite île à laquelle il donnera le nom du saint du jour.

Sans doute en raison du manque d'hommes pour peupler toutes ces terres nouvelles et à cause des Caraïbes qui les habitent, les Espagnols décident non pas de coloniser les Petites Antilles, mais plutôt de concentrer leurs efforts dans les Grandes Antilles. Il faut attendre bien des années avant qu'une colonie ne s'établisse dans les Petites Antilles. Entre-temps, elles ne servent essentiellement que de point d'arrêt pour les corsaires et les marins qui naviguent dans la région.

La naissance des colonies antillaises

Au XVe siècle, seuls l'Espagne et le Portugal colonisent le Nouveau Monde. Leurs bateaux arrivant en Europe chargés de trésors arrachés aux tribus amérindiennes commencent cependant à faire l'envie de plusieurs, et deviennent rapidement la cible des contrebandiers et des pirates qui sillonnent les mers pour s'emparer de ces butins. C'est d'ailleurs avec ces trésors pillés à l'Espagne que le reste de l'Europe prend conscience de l'importance de posséder ces terres situées à l'ouest. Au XVIIe siècle, la France, la Hollande et l'Angleterre succèdent à l'Espagne et au Portugal comme principales puissances économiques européennes, et se tournent à leur tour vers la colonisation des Antilles.

Autour de 1623, le corsaire français D'Esnambuc quitte la France en direction des Petites Antilles. Après avoir attaqué en mer les Espagnols, il se réfugie sur Saint-Christophe pour procéder à des réparations sur son navire. L'île est déjà occupée par le navigateur anglais Warner, mais tous deux s'entendent sur la répartition du territoire. De retour en France,

D'Esnambuc fait entériner la répartition du territoire et obtient de Richelieu la création de la Compagnie de Saint-Christophe, qui, en plus du droit de commercer, possède de véritables pouvoir d'État, comme l'administration et l'exploitation des territoires. La création de cette compagnie constitue le coup d'envoi des efforts de colonisation française des Antilles.

Dans les années qui suivent, la France entreprend plus sérieusement la conquête des Petites Antilles. En 1635, la compagnie des îles d'Amérique remplace la compagnie de Saint-Christophe, avec comme mandat la conquête des terres situées entre le 10° et le 30° de latitude nord.

La France n'est cependant pas la seule puissance européenne à désirer les terres antillaises, puisque les Pays-Bas tentent eux aussi de les coloniser. En 1621, une première compagnie hollandaise est créée, la Compagnie des Indes occidentales (la première de ce nom, car Colbert créera une compagnie du même nom des années plus tard), qui entreprend la conquête de plusieurs îles des Petites Antilles, entre autres Saint-Martin, Aruba, Bonaire et Curaçao. En 1638, les Néerlandais ayant constaté la présence d'importants dépôts de sel à Saint-Martin y construisent un fort.

Néanmoins, au début de la colonisation, Saint-Martin ne demeure que quelques années sous contrôle néerlandais, car elle est vite reconquise par l'Espagne, qui désire garder la mainmise sur cette zone où transitent quantité de bateaux. Elle y envoie, en 1638, quelque 9 000 soldats pour en assurer la surveillance. Toutefois, moins de 10 ans plus tard, cet emplacement se révèle peu stratégique, et l'Espagne, constatant l'inutilité de son entreprise, décide d'abandonner l'île, laissant le champ libre aux colons.

La colonisation

Peu à peu, la conquête des Petites Antilles est entreprise par les Français. Ainsi, deux hommes, Liénart de l'Olive et Du Plessis, convainquent la Compagnie des îles d'Amérique de la nécessité de coloniser la Guadeloupe. Accompagnés de 500 hommes et de quelques religieux (entre autres le père Dutertre), ils y débarquent le 28 juin 1635, mais leur projet se bute très vite à une réalité hostile : l'acclimatation est difficile et les hommes souffrent des problèmes de ravitaillement, des épidémies et de la famine. Par ailleurs, pour implanter cette nouvelle colonie, une dure guerre est faite aux Caraïbes, ce qui crée une situation difficile pour les colons.

Cette première tentative de coloniser la Guadeloupe n'a rien changé en ce qui a trait à l'administration des territoires, et le siège des colonies françaises est demeuré à Saint-Christophe. En 1638, après la mort de Liénart de l'Olive et de Du Plessis, Poincy de Lonvilliers, alors gouverneur, conçoit le projet de déplacer la capitale (Saint-Christophe) vers la Guadeloupe, favorisant dès lors le développement de cette dernière. Ce projet n'est cependant pas mené à terme, car des conflits entre ses ambitions personnelles, les intérêts des dirigeants de la compagnie demeurés en France et les autres représentants de la compagnie dans les îles le freinent.

Cette période d'instabilité n'a rien pour rassurer les colons de Saint-Christophe, et certains jugeant la situation précaire décident de tenter leur chance ailleurs. C'est ainsi qu'en 1648 quatre colons français quittent Saint-Christophe et débarquent à Saint-Martin dans le but de s'y établir. Ils ne sont toutefois pas les seuls à convoiter l'île délaissée par les troupes espagnoles, car le gouvernement néerlandais ayant les mêmes ambitions y avait envoyé Martin Thomas afin de prendre possession du territoire. Ces nouveaux arrivants, au lieu de se livrer une guerre sans merci, optent pour un partage équitable de l'île.

Le partage de Saint-Martin

Selon la légende, le partage de l'île de Saint-Martin aurait eu lieu d'une façon bien simple : deux hommes partis chacun d'une côte opposée doivent se rencontrer au centre de l'île, et ce point de rencontre déterminera la ligne de partage de l'île. La France acquit ainsi les trois cinquièmes de l'île et les Pays-Bas un plus petit territoire, mais comprenant plus de ressources naturelles. Cet accord fut signé le 24 mars 1648 sur une montagne qui se nomme depuis lors le «mont des Accords».

La même année, convaincu de l'importance de coloniser chaque îlot des Petites Antilles, Poincy de Lonvilliers envoie le sieur Jacques de Gente ainsi qu'une cinquantaine de colons peupler Saint-Barthélemy. Dépourvue de lacs et de rivières, et possédant un sol pauvre, l'île avait tout pour décourager ces nouveaux arrivants qui, laissés à eux-mêmes, durent persévérer pour survivre.

Des ententes visant à faire cesser la guerre avaient été conclues en 1641 entre les Français et les Caraïbes, et une période de paix relative s'était instaurée dans la colonie. Ce répit était alors nécessaire tant pour les colons, qui avaient besoin de mieux s'installer, que pour la Compagnie des îles d'Amérique, qui trouvait que ses colonies lui coûtaient cher. Malgré ces efforts, la paix avec les Amérindiens demeurait précaire; la famine, les intempéries et maints autres ennuis poussèrent la compagnie à vendre ses possessions. Saint-Martin (portion française) et Saint-Barthélemy deviennent ainsi possession de l'ordre de Malte en 1651.

L'ordre de Malte

L'ordre de Malte fut à l'origine fondé au temps des croisades pour protéger et soigner les pèlerins se rendant en Palestine (1113); il se nommait alors «ordre des hospitaliers de Saint-Jean-de-Jérusalem». Il eut un rôle actif, mais les hospitaliers durent se retirer avec la perte de la Terre Sainte. L'ordre s'installa alors à Chypre. Ce n'est qu'en 1530 que Charles Quint lui céda l'île de Malte et que ses membres prirent le nom de «chevaliers de Malte». Au moment de l'achat des possession antillaises, l'ordre est riche et puissant.

Ce changement d'administration n'entraîne guère de changements pour les colons; ceux-ci doivent toujours composer avec des conditions de vie difficiles et avec des Amérindiens qui s'acharnent âprement à préserver leurs terres. La cohabitation entre ces deux communautés demeure difficile, et la moindre incartade est source de violent conflit. Les habitants de Saint-Barth en font d'ailleurs les frais en 1656, alors que les Caraïbes, désirant se venger des colons, entreprennent diverses représailles contre les colonies françaises et, abordant les côtes de Saint-Barthélemy, y massacrent tous les habitants. Sa colonie anéantie, l'île fut abandonnée pendant près de quatre années. Malgré cela, la volonté de la coloniser n'est pas éteinte, et en 1659 le peuplement de l'île reprend alors qu'un second groupe de Bretons, de Normands et de Poitevins vient à son tour s'y installer.

Bien que l'établissement des colonies antillaises pose maintes difficultés et que leur situation économique demeure précaire, elles se développent peu à peu. Afin d'aider leur croissance, Colbert, qui dès 1661 s'occupe des affaires du royaume français, décide de créer une puissante compagnie soutenue par le roi qui les gérerait toutes. La Compagnie des Indes occidentales est ainsi mise sur pied le 13 mai 1664. Le 10 juillet de la même année, la Guadeloupe, la Martinique et Saint-Christophe sont achetées par la compagnie; l'année suivante, elle achète Saint-Martin (portion française) et Saint-Barthélemy. Les intentions de Colbert ne se réalisent cependant pas entièrement, car, bien qu'il ait obtenu le monopole du commerce de ces îles avec les colonies d'Amérique rattachées à la France, les affaires de la compagnie vont tant bien que mal, et elle se voit obligée de cesser ses activités. En 1674, les possessions de la Compagnie sont rattachées à la couronne de France.

Malgré ces difficiles 50 premières années de colonisation, Français et Hollandais parviennent à s'implanter en terres antillaises, mais cette colonisation a de lourdes conséquences pour les tribus caraïbes et arawaks qui sont impitoyablement attaquées par les colons désirant s'approprier leurs terres. Trop peu nombreux pour résister aux attaques étrangères, les Caraïbes sont décimés et les Arawaks exterminés. En 1660, les derniers Caraïbes sont expulsés de toutes les possessions françaises pour être relogés à la Dominique et à Saint-Vincent. Aujourd'hui encore, on retrouve des descendants caraïbes en Dominique.

L'émergence d'une économie proprement antillaise

Pendant que les gouverneurs essaient de s'enrichir, les colons nouvellement arrivés aux Antilles doivent trouver des moyens pour subvenir à leurs besoins, les ravitaillements étant très complexes. Des cultures comme celles des ignames, des pois, de l'indigo, du tabac et du coton leur permettent de s'alimenter ou de tirer des revenus, quoique modestes, de la vente de leur récolte à la France.

C'est l'arrivée de la canne à sucre dans les Antilles (à Saint-Martin, autour des années 1650) qui va véritablement bouleverser l'économie et la vie des colonies, parce qu'il s'agit d'un produit de plus en plus prisé sur le marché européen, et qui peut donc rapporter de belles sommes aux colons. Cependant, un problème se pose vite aux cultivateurs : une telle culture nécessite une main-d'œuvre abondante, qui n'est toujours pas disponible dans les îles, la population étant encore trop peu nombreuse; aussi doit-on songer à en augmenter le nombre. Dans un premier temps, les responsables de la colonie tentent d'attirer des agriculteurs français en mettant sur pied un programme de recrutement. Ce programme est cependant fort exigeant pour les colons : ils doivent s'engager pour une période de 36 mois pendant laquelle ils ne peuvent conclure de contrat, et doivent remettre leur liberté et leur force de travail entre les mains de leur maître, en échange de quoi ils obtiennent un lot de terre ou une prime en argent à la fin du bail. Du fait que ces engagés doivent vivre dans de terribles conditions (mauvais traitements, nourriture déficiente, maladie), nombreux sont ceux qui meurent ou abandonnent avant le terme. Il ne faut pas s'étonner que, dès 1668, le recrutement de ces engagés français devient pratiquement nul. Il apparaît dès lors nécessaire de trouver une autre solution au problème de main-d'œuvre.

L'esclavage se révèle rapidement être la seule solution bon marché, et l'on se tourne dès lors vers les côtes de l'Afrique de l'Ouest, d'où quantité d'Africains, enlevés de force, prennent la route des Antilles. Ces femmes et hommes transportés par mer dans des conditions des plus pénibles et inhumaines (plusieurs d'entre eux meurent en route) arrivent dans les Antilles et à Saint-Martin. Vendus aux propriétaires terriens, ils constituent rapidement une main-d'œuvre nombreuse sur l'île.

Cette nouvelle main-d'œuvre permet ainsi aux Saint-Martinois d'entreprendre la culture de la canne à sucre et, bien que les terres soient peu arrosées par les pluies et que les récoltes soient peu abondantes, les habitants prospèrent. Cette croissance est tout de même contrainte aux limites imposées par les mères patries, qui ne veulent pas que les denrées des îles concurrencent les marchandises produites par les cultivateurs français et hollandais.

Au fil des ans, la population d'esclaves noirs croît de façon considérable, de telle sorte qu'elle va rapidement constituer une portion importante des habitants des îles sucrières (Saint-Martin, Guadeloupe, Martinique), et qu'elle sera à l'origine d'importantes tensions sociales. Afin de contrer les «dangers» que pourrait constituer une population noire et esclave supérieure en nombre aux Blancs, des politiques sévères sont adoptées visant à la contrôler, ce qui n'aide certes pas à calmer les esprits échauffés, si bien que nombre de soulèvements marquent cette période.

Une histoire bien particulière, celle des Saint-Barths

Saint-Martin, tout comme la Guadeloupe et la Martinique, parvient ainsi à développer une économie basée sur la vente de la canne à sucre. Par ailleurs, Saint-Barthélemy étant une terre pauvre qui ne se prête pas à la culture de la canne, elle ne connaît pas la prospérité de ses sœurs antillaises et ses habitants doivent se contenter d'une culture qui permet tout juste de subvenir à leurs besoins. Leur vie est d'autant plus difficile que les incursions étrangères en ces lieux pratiquement indéfendables, qui par conséquent ne possèdent pas de garnison, sont fréquentes et destructrices. Les troupes ennemies ne sont pas les seules à convoiter cet îlot : très tôt, il se définit comme un refuge idéal pour les corsaires et les pirates. Ces nouveaux arrivants, quoique redoutables, ont l'avantage de pouvoir commercer avec les habitants; c'est pourquoi ils vont cohabiter, les corsaires profitant de l'anse du Carénage et les Saint-Barths demeurant en retrait.

Cet étrange voisinage n'est cependant pas sans conséquence pour la petite colonie, car plusieurs Saint-Barths exaspérés des attaques étrangères choisissent à leur tour de se faire pirates et de piller les navires étrangers qui passent non loin des côtes, question aussi de s'enrichir un peu. Cette activité nouvelle près des côtes de Saint-Barth permet à la petite colonie de croître, et une bourgade se développe autour du Carénage.

Cette modeste prospérité ne dure pourtant qu'une vingtaine d'années, car les Anglais excédés par les assauts fréquents de cette population attaquent l'île en 1744, capturant les corsaires et en installant d'autres, anglais cette fois, qui pillent et massacrent les habitants. Quelque temps après, le gouverneur anglais condamnant les excès de ses troupes sur les habitants permet aux survivants qui sont parvenus à se réfugier à Saint-Christophe de retourner dans leur île.

Cependant, les Saint-Barths ne sont pas au bout de leur peine, car, au cours du XVIIIe siècle, les incursions étrangères destructrices sont nombreuses, et, tout comme les autres possessions françaises dont Saint-Martin, leur île passe sous contrôle anglais à diverses reprises. Ainsi, au terme de la guerre de Sept Ans (traité de Paris, 1763), la France sort perdante face aux Anglais et doit céder quelques-unes de ses colonies. Pour conserver ses profitables colonies sucrières de la Martinique, de la Guadeloupe et de Saint-Martin (par un oubli dans le traité, Saint-Barth lui est aussi restituée), elle décide d'abandonner ses possessions en Amérique du Nord.

Saint-Martin et la lente marche vers la libération des esclaves

La fin du XVIIIe siècle à Saint-Martin, en Guadeloupe et en Martinique est particulièrement mouvementée, tant en raison de l'instabilité causée par les incursions étrangères que par les tensions raciales qui sont à leur paroxysme. Tel est alors le contexte explosif des Antilles quand survient la révolution de 1789, qui mène à l'abolition de la monarchie en France. Ces bouleversements considérables que vit alors la France métropolitaine ont également des conséquences dans les îles, où de profondes dissensions éclatent. Certains grands propriétaires voient alors l'occasion d'assurer une plus grande autonomie à la colonie, en libérant le commerce des restrictions que lui impose la métropole. Dans le même temps, les mouvements antiesclavagistes qui commencent à se faire nombreux se voient confrontés aux propriétaires qui favorisent une politique sévère à l'endroit des esclaves. Enfin, les petits propriétaires espèrent pouvoir jouer un rôle politique plus important et se libérer du joug des grands propriétaires et des aristocrates.

Ces années de tensions internes apparaissent propices aux Anglais, qui désirent toujours s'approprier les îles sucrières; en février 1794, les troupes anglaises arrivent en Martinique, en Guadeloupe et à Saint-Martin, renversant l'administration en place. C'est Victor Hugues qui est dépêché dans les colonies pour contrer cette invasion. Il peut compter sur les hommes des 14 frégates et des 18 bâtiments de guerre qui l'accompagnent, ainsi que sur les esclaves noirs, à qui il offre la liberté. Débarqué en Guadeloupe au mois de juin, Hugues parvient à repousser les Anglais au mois de décembre. Saint-Martin est quant à elle libérée en 1796. Il en profite en outre pour annexer la portion néerlandaise de l'île, que la France conserve jusqu'en 1801.

Pendant les années qui marquent son administration, Hugues affranchit les esclaves. Toutefois, une telle liberté ne prévaut guère longtemps, car les gouverneurs qui succèdent à Hugues retirent, petit à petit, les droits accordés aux Noirs. L'avènement du gouvernement de Napoléon va même jusqu'à restaurer l'esclavage.

L'île de Saint-Martin est mise ensuite, une fois de plus, sous le joug du conquérant anglais, qui occupe l'île en 1808 et en reste maître jusqu'en 1815. La signature du traité de Vienne met fin aux rivalités antillaises entre ces puissances européennes. Une paix s'instaure ainsi dans la petite colonie qui se transforme peu à peu, car les mouvements antiesclavagistes s'organisent; l'esclavage est ainsi interdit dans les colonies anglaises dès 1833. En France, il faut cependant attendre l'année 1848 pour qu'un décret officiel, initié par Victor Schœlcher, abolisse l'esclavage. Les esclaves qui habitent la partie hollandaise de Saint-Martin ne sont pour leur part libérés qu'en 1863.

L'abolition de l'esclavage a cependant des conséquences majeures pour les Saint-Martinois, car il faut entièrement restructurer l'économie de manière à offrir des salaires à cette nouvelle main-d'œuvre jusque-là servile. Cette restructuration a pour conséquence de hausser les coûts de production du sucre, créant une crise majeure dans cette industrie. Afin de remédier à cette situation délicate, de grandes industries sucrières sont bientôt créées (les petites entreprises se regroupent) offrant du travail à la main-d'œuvre locale. Malgré diverses tentatives, une bonne partie des petits agriculteurs sont acculés à la faillite. D'ailleurs, à Saint-Martin, la culture de la canne a toujours été difficile (peu de pluie et pas d'eau douce), aussi les habitants l'abandonnent-ils peu à peu. Ses réserves de sel et son statut de port franc acquis en 1850 incitent les marins à utiliser son infrastructure portuaire, et lui procurent dès lors l'essentiel de ses maigres revenus.

Saint-Barth et près d'un siècle de colonisation suédoise

Ces quelque 100 années qui mènent à la libération des esclaves dans les colonies antillaises sont vécues tout autrement à Saint-Barth, où l'on ne compte pratiquement aucun esclave. Une période d'autant plus différente que l'île est vendue à la Suède en 1785 par le roi Louis XVI, qui juge alors plus rentable de posséder un droit de commercer avec la Suède (il acquiert un entrepôt à Göteborg) que de conserver cette terre aride.

Cet échange est tout de même bénéfique pour les Saint-Barths, du moins pour leur économie, car différentes politiques favorables à leur égard sont adoptées. Ainsi, le port de l'île, le Carénage, rebaptisé «Gustavia» (en l'honneur du roi de Suède Gustave III) dès 1785 par le gouverneur Salomon Mauritz von Rayalin, obtient le statut de port franc. Quelques années plus tard, Gustave III constatant la pauvreté des habitants, il décide de les exonérer d'impôt. Les années 1795 à 1820 sont d'ailleurs particulièrement florissantes, car son port connaît une importante activité. Malgré cette prospérité, les Saint-Barths d'origine française ont du mal à accepter cette nouvelle autorité. Ils demeurent à l'écart, ne se mêlent guère aux Suédois et refusent de se soumettre aux gouverneurs suédois.

Cette richesse ne dure toutefois qu'une vingtaine d'années car, après 1820, son port est délaissé à la faveur d'autres îles, ce qui amorce à nouveau un déclin de l'économie de Saint-Barth. L'île est en outre touchée par une série de catastrophes naturelles qui l'ébranlent faisant d'elle une possession moins reluisante. Les habitants y sont d'ailleurs si pauvres qu'au lendemain de l'abolition de l'esclavage personne n'est en mesure de se payer une main-d'œuvre, et les quelques rares esclaves libérés n'ayant pas de ressources n'ont d'autres solutions que de s'exiler.

Durant le XIXe siècle, les choses sont telles dans l'île que le gouvernement suédois ne voit plus aucun avantage à la posséder et cherche à s'en départir. C'est ainsi que, le 10 août 1877, elle rétrocède Saint-Barthélemy à la France en échange d'une somme de 400 000 francs et de l'obligation de laisser les Saint-Barths exempts d'impôt, une situation qui est depuis demeurée inchangée. Ce traité est approuvé par la très grande majorité de la population, qui redevient française. L'île est alors administrativement rattachée à la Guadeloupe, qui comprend également la portion française de Saint-Martin.

La fin du XIXe siècle et le XXe siècle

En 1877, Saint-Barth se greffe donc aux autres colonies antillaises qui viennent de traverser des années pour le moins difficiles ou qui ont même vu leur économie complètement chamboulée. À Saint-Martin, les gains tirés de la vente du sucre disparaissent, et l'île tire ses revenus de ses installations portuaires. Les Saint-Barths survivent, pour leur part, grâce aux modestes recettes provenant de l'agriculture et de la pêche.

Le XXe siècle apporte avec lui son lot de souffrances, et en 1914 la Première Guerre mondiale éclate. Elle a des répercussions dans les Antilles, car Saint-Martin et Saint-Barthélemy, pour soutenir les efforts de la France, envoient elles aussi leur contingent d'hommes. Les Pays-Bas, pour leur part, sont demeurés neutres durant ce conflit.

L'entre-deux-guerres est bénéfique pour l'économie de ces îles exemptes de taxes. Cette période favorise le commerce et le trafic de divers articles, notamment le tabac et l'alcool. D'ailleurs, les îles sont une plaque tournante du commerce illicite de l'alcool durant les années de la Prohibition aux États-Unis.

Puis, une autre catastrophe vient bouleverser l'Europe, avec, encore une fois, des répercussions dans les Antilles : la Deuxième Guerre mondiale, qui débute le 3 septembre 1939. Moins d'un an après, le 10 mai 1940, les Pays-Bas sont conquis, bien que cette nouvelle administration a peu de conséquences sur les deux îles, et le 16 juin de la même année, la

France capitule face au conquérant allemand. En 1945, la France et les Pays-Bas redeviennent libres.

Le 19 mars 1946, une loi marquante pour la Guadeloupe et ses dépendances, ainsi que pour la Martinique, est adoptée : les colonies sont érigées en départements français d'outre-mer. Saint-Martin (portion française) et Saint-Barthélemy sont rattachées au département de la Guadeloupe. Les années difficiles pour les habitants s'estompent peu à peu, car les deux îles connaissent un développement important de leur industrie touristique qui, dès le début des années quatre-vingt, s'avère florissante.

ÉCONOMIE

La terre aride de Saint-Martin, et particulièrement de Saint-Barthélemy, n'a pas permis à ces deux petites îles de connaître la prospérité sucrière, comme cela fut le cas dans nombre d'autres îles antillaises. À Saint-Martin, il a été possible de cultiver la canne à sucre, mais cette culture ne fut jamais réellement productive, et l'on dut l'abandonner au XIXe siècle, les crises de l'industrie sucrière compromettant toute perspective de profit. Les Saint-Barths, pour leur part, durent toujours se rabattre sur la culture de quelques plantes, comme le coton puis l'ananas au XIXe siècle, mais qui ont tout juste permis aux colons d'assurer leur subsistance. Au fil des ans, d'autres industries, comme la pêche et l'extraction du sel (de riches gisements se trouvent du côté néerlandais de Saint-Martin), ainsi que les installations portuaires ont permis aux habitants d'améliorer leurs conditions de vie sans jamais pour autant leur assurer une prospérité.

Néanmoins, ces petites îles du nord de l'archipel, administrativement rattachées à la Guadeloupe, qui avait déjà fort à faire pour structurer sa propre économie, furent trop souvent délaissées et ne purent jamais compter sur son aide. La partie néerlandaise de Saint-Martin, Sint-Maarten, connut elle aussi des difficultés économiques semblables du fait de son éloignement des autres possessions néerlandaises. C'est pourquoi ses habitants préférèrent, à plusieurs reprises, s'exiler vers les îles Aruba et Curaçao, qui avaient plus à offrir.

Moments marquants de l'histoire de Saint-Martin et de Saint-Barthélemy

1493 : Christophe Colomb découvre les Petites Antilles, entre autres la Guadeloupe, Marie-Galante, La Désirade, Les Saintes, Saint-Martin et Saint-Barthélemy. Les îles sont alors habitées par les Caraïbes.

1635 : La Compagnie de Saint-Christophe donne le coup d'envoi à la colonisation française des Antilles.

1638 : Des troupes espagnoles s'installent à Saint-Martin.

1648 : Saint-Martin est colonisée par des Français et des Hollandais qui se partagent le territoire. Un premier groupe de colons s'installe à Saint-Barthélemy.

1651 : Saint-Martin devient possession de l'ordre de Malte.

1659 : Un second contingent de Bretons, de Normands et de Poitevins s'établit à Saint-Barth.

1660 : Les tribus caraïbes sont exterminées ou expulsées des terres françaises vers la Dominique.

1664 : L'ordre de Malte se départit de ses possessions antillaises et les vend à la Compagnie des Indes occidentales, fondée par Colbert.

1674 : À la suite de la faillite de la Compagnie des Indes occidentales, les possessions antillaises sont rattachées à la couronne de France.

Fin XVIIe siècle : Des Africains sont amenés dans les îles comme esclaves.

1785 : Saint-Barthélemy est vendue à la Suède.

1789 : La Révolution bouleverse la France et a des conséquences importantes sur l'administration des colonies. Les esclaves sont libérés.

1802 : Les troupes de Napoléon débarquent dans l'île de Saint-Martin et rétablissent l'esclavage.

1848 : L'esclavage est définitivement aboli dans les Antilles françaises.

1863 : L'esclavage est aboli dans les colonies hollandaises.

1877 : La Suède rétrocède Saint-Barthélemy à la France.

1946 : La Guadeloupe et la Martinique sont érigées en départements français d'outre-mer. Saint-Martin et Saint-Barthélemy sont administrativement rattachées à la Guadeloupe.

Le XXe siècle annonce des années plus florissantes pour les deux îles. D'abord, la construction de l'aéroport Princess Juliana (Sint-Maarten) permet à l'île de développer de meilleures relations avec ses voisins, et principalement avec les États-Unis. Puis la partie néerlandaise de l'île, bénéficiant d'avantages fiscaux qui font d'elle un véritable paradis, profite d'investissements étrangers favorisant l'essor de son industrie touristique. Dans le sillage de Sint-Maarten, dont la vocation touristique a su s'imposer à tel point que cette terre néerlandaise est l'île des Petites Antilles qui accueille le plus grand nombre de touristes (près de 500 000 en 1995), Saint-Martin a vu son industrie touristique s'accroître et devenir un des fleurons de son économie. Saint-Barthélemy, dont les habitants sont depuis 1785 exemptés d'impôt (une mesure qui était alors nécessaire en raison de leur pauvreté extrême), présente elle aussi des avantages indéniables pour attirer les investisseurs. Au tournant des années quatre-vingt, elle connut également un important développement touristique. Vu la petitesse de son territoire, elle a toujours cherché à attirer une clientèle de visiteurs fortunés, et y est très bien parvenue. Désormais, ces deux îles vivent au rythme du tourisme et du flot incessant des visiteurs, qui viennent pour jouir des bienfaits de la nature et des plages ensoleillées. Toutefois, dans l'île de Saint-Martin, si certains ont su profiter de l'essor du tourisme, il subsiste une nette disparité entre une minorité de riches Français et étrangers et la majorité des ouvriers, parfois immigrants illégaux des autres îles antillaises plus pauvres qui vivent dans des conditions bien modestes.

POLITIQUE

Saint-Martin et Saint-Barthélemey

Depuis l'entrée en vigueur de la loi du 19 mars 1946, la Guadeloupe est un département français d'outre-mer (DOM), et Saint-Martin et Saint-Barthélemy en sont des cantons. En 1963, toutes deux sont élevées au rang de sous-préfecture, (la sous-préfecture des îles du Nord comprend alors Saint-Martin, Tintamarre et Saint-Barthélemy). En vertu de la Constitution, elles sont dotées de deux assemblées politiques : le Conseil régional, élu à la représentation proportionnelle, et le Conseil général, élu au scrutin majoritaire à deux tours. Le Conseil régional a pour principales compétences les domaines du développement économique, de la formation de la main-d'œuvre et de l'aménagement du territoire, alors que le Conseil général s'occupe du domaine social. Ces deux assemblées ont le pouvoir de légiférer dans leurs domaines respectifs et, bien entendu, de voter les budgets alloués. En plus du Conseil régional et du Conseil général, le département est pourvu d'un Comité économique et social ainsi que d'un Comité de la culture et de l'environnement. Quatre députés le représentent à l'Assemblée nationale française et deux parlementaires au Sénat.

Les citoyens de Saint-Martin, du côté français, ainsi que de Saint-Barthélemy bénéficient de programmes sociaux mis de l'avant par l'État français, notamment les pensions de vieillesse, les allocations familiales, l'assurance-chômage et l'assurance-maladie. Néanmoins, ces programmes ne sont pas toujours appliqués selon les normes et critères ayant cours sur le continent européen.

La vie politique du département d'outre-mer de la Guadeloupe, dont font partie Saint-Martin et Saint-Barthélemy, a surtout été marquée au cours des dernières décennies par de fortes revendications autonomistes face à la métropole. Cependant, compte tenu de la structure sociale de Saint-Martin et de Saint-Barth, très différente de la Guadeloupe elle-même, les populations de ces deux îles n'ont jamais été favorables à ces revendications, tout au plus réclament-elles une plus grande autonomie économique.

Sint-Maarten

Sint-Maarten fait partie du royaume des Pays-Bas, mais il demeure que ses habitants sont assujettis à un système politique très différent de celui de la portion française de l'île, qui leur assure une autonomie plus prononcée face à la métropole. Ce royaume regroupe trois pays, les Pays-Bas proprement dits, Aruba et les Antilles néerlandaises, qui comprennent Bonaire, Curaçao, Saba, Sint-Eustatius et Sint-Maarten. Chacun de ces pays possède un parlement élu au suffrage universel, un conseil des ministres et un premier ministre. C'est ce palier de gouvernement qui a le pouvoir de légiférer et d'agir dans une foule de domaines très importants comme les services sociaux et médicaux, l'éducation, le développement économique, l'entretien des routes, la promotion du tourisme et les sports. Par le biais de sociétés, le gouvernement s'occupe également de la distribution de l'eau et d'électricité ainsi que des installations portuaires et aéroportuaires. Le royaume de Hollande, quant à lui, est responsable des affaires étrangères, de la défense et des affaires judiciaires des trois pays.

On comprendra donc que, contrairement à la partie française de l'île, Sint-Maarten est responsable d'une foule d'éléments liés à son développement, notamment les programmes sociaux. Cette autonomie fait en sorte par exemple que les programmes sociaux en vigueur à Sint-Maarten ne sont pas ceux des Pays-Bas.

POPULATION

La situation économique prospère de Saint-Martin, le soleil et, sans doute, son statut de port franc ont attiré bien des immigrants dans l'île. En fait, la population a grossi de façon vertigineuse, passant de près de 10 000 habitants (dans chacune des deux parties de l'île) au début des années quatre-vingt à près de 30 000 dans la partie française et à plus de 39 000 dans la partie néerlandaise en une quinzaine d'années.

À ces chiffres officiels, il faut ajouter entre 5 000 et 30 000 résidents illégaux (les côtes étant difficiles à surveiller) demeurant dans l'île. Ils sont venus grossir les rangs des habitants aux conditions modestes, les riches immigrants formant une infime part de ces nouveaux venus. Ces personnes proviennent de maintes contrées, et l'on dit que 70 nationalités sont représentées dans l'île. Les nouveaux venus sont d'ailleurs si nombreux que désormais les Créoles ne sont plus majoritaires dans cette petite île.

Le portrait est tout autre à Saint-Barthélemy, où 95% des quelque 5 000 habitants sont de race blanche, plusieurs ayant une origine bretonne, normande, vendéenne ou poitevine. Cette minuscule société, longtemps isolée, a la réputation d'être très fermée et accueille difficilement les nouveaux venus. Elle met d'ailleurs tout en œuvre pour contrer l'arrivée de travailleurs étrangers illégaux sur son territoire.

CULTURE

Saint-Martin

L'ouverture sur les États-Unis, qui a marqué la seconde moitié du XXe siècle, a entraîné une américanisation de la culture saint-martinoise. Durant de nombreuses années, les contacts furent plus nombreux avec ce géant qu'avec l'île sœur qu'est la Guadeloupe. D'ailleurs, pour bon nombre des Saint-Martinois, la langue première n'est plus le français ou le néerlandais, mais bien l'anglais. En outre, l'arrivée massive d'immigrants et de touristes contribue à façonner le visage bien différent de cette île antillaise. On ne peut donc plus parler d'une culture seulement créole, bien que ce fût le cas autrefois, mais plutôt d'une culture multiethnique.

Saint-Barthélemy

Par son histoire et par sa démographie, Saint-Barth est en marge des autres îles des Antilles françaises. Ici, le métissage culturel si caractéristique des Antilles n'a jamais eu lieu : les habitants y sont d'abord de souche française. Longtemps isolés

L'architecture de la case créole

Les maisonnettes de bois que l'on retrouve un peu partout à Saint-Martin et à Saint-Barth, et qui nous apparaissent bien fragiles, ont pourtant été conçues de façon à résister au climat parfois capricieux des îles antillaises. Comportant deux ou trois pièces et mesurant rarement plus de 3 m sur 7 m, la case créole en bois est la plus répandue des maisonnettes. Ces maisonnettes étaient construites sur un emplacement choisi avec soin pour s'assurer de la solidité de leur structure. Avant d'ériger la charpente, un carré en pierre était mis en place ayant pour fonction de protéger le bois de l'humidité. Quatre piliers étaient ensuite dressés (pour chaque coin de la maison), puis la charpente était montée. Revêtues de planches de bois, certaines d'entre elles avaient l'avantage d'être recouvertes d'«essentes» (clins de bois) assurant une meilleure étanchéité. Le toit se composait d'herbes sèches ou d'«essentes» selon les moyens de son occupant. Toutes les pièces de bois étaient facilement démontables, car, bien que chacun fût propriétaire de sa propre case, rares étaient les personnes possédant leur propre terrain. Il leur était ainsi facile de déménager.

Aujourd'hui, on construit encore des maisonnettes de bois dont l'architecture s'inspire grandement de la case créole en bois, mais elles se parent de jolies couleurs et sont souvent enjolivées de dentelles de bois, de balcons et de volets; en fait, tous ces petits ornements concourent à faire d'elles un endroit agréable où vivre.

À Saint-Barthélemy, on dénote également un type d'habitation particulier à sa «côte-au-vent», la «cabrette», conçue pour résister au vent parfois violent provenant de l'océan. Les fondations de ces cases très basses étaient sensiblement les mêmes que celles des cases créoles, mais, autour de la charpente, les murs étaient renforcés avec de grosses pierres liées entre elles par un mélange de terre et d'eau puis enduites d'un crépi de chaux. Dans ces maisonnettes, aucune ouverture ne faisait face au vent, et les quelques fenêtres et la porte étaient protégées par de gros volets de bois. Les «cabrette» offraient ainsi une bonne protection à leurs occupants.

de la métropole comme des autres îles antillaises, héritant d'un sol improductif, les Saint-Barths ont traversé les siècles et ont résisté aux invasions étrangères tout en préservant l'essentiel de leur héritage français. Leur langue se teinte encore de certains archaïsmes et de termes empruntés au vocabulaire des marins, autant de legs de leurs ancêtres bretons, normands, vendéens ou poitevins. Étonnamment, pendant des décennies, la population a persévéré afin de demeurer dans l'île, malgré la difficulté à y vivre. Les hommes se sont traditionnellement exilés pour trouver du travail vers d'autres îles, mais conservent toujours leur port d'attache et leur famille à Saint-Barth. Peut-on se surprendre que cette petite société soit, encore aujourd'hui, réputée fermée sur elle-même?

RENSEIGNEMENTS GÉNÉRAUX

Vous n'aurez aucun souci à vous faire pendant votre séjour, que vous voyagiez sur l'île de Saint-Martin ou sur celle de Saint-Barthélemy, que vous soyez seul ou en groupe organisé. Sauf dans la partie néerlandaise de Saint-Martin, où l'on parle généralement anglais, vous pourrez vous faire comprendre en français, et quelle que soit votre question vous y trouverez aisément une réponse. Cependant, même si vous n'aurez aucun problème à communiquer, il est bon que vous partiez en vacances bien préparé. Le présent chapitre a pour but de vous aider à mieux profiter de votre séjour et à vous faire prendre connaissance de quelques habitudes locales.

L'indicatif régional pour la zone néerlandaise est le 599-5. Des changements au système téléphonique obligent dorénavant de toujours ajouter le 05.90 devant tous les numéros de téléphone de la zone française (Saint-Martin et Saint-Barth), qu'on appelle à l'intérieur ou de l'extérieur de cette zone.

FORMALITÉS D'ENTRÉE

Les voyageurs canadiens, américains, belges et suisses admis dans ces îles pour un séjour ne dépassant pas trois mois ne doivent avoir en leur possession qu'un passeport valide pour toute la durée de leur séjour (aucun visa n'est exigé) ainsi qu'un billet de retour ou de continuation de voyage.

Les visiteurs français, pour leur part, n'ont besoin que de leur carte nationale d'identité.

Ces formalités pouvant changer en tout temps, nous vous recommandons de les vérifier auprès de l'ambassade ou du consulat de France ou des Pays-Bas avant votre départ.

Pour pallier les ennuis que vous pourriez avoir en perdant ces documents officiels, nous vous conseillons de prendre soin de conserver une photocopie de votre carte d'identité ou des pages principales de votre passeport ainsi que d'en conserver le numéro et la date d'expiration, car il serait alors plus facile de le remplacer. Si un tel incident survenait, sachez que, pour vous en faire délivrer un nouveau ou obtenir un document équivalent, vous devrez communiquer avec l'ambassade ou le consulat de votre pays.

Les douanes

En arrivant à Saint-Martin ou à Saint-Barthélemy, les visiteurs canadiens, américains ou suisses âgés de 17 ans et plus peuvent avoir en leur possession 1 l de spiritueux, 2 l de vin et soit 200 cigarettes, 100 cigarillos ou 250 g de tabac.

Les citoyens d'âge légal d'un pays membre de la Communauté économique européenne peuvent apporter 1,5 l de spiritueux, 4 l de vin et soit 300 cigarettes, 150 cigarillos ou 400 g de tabac.

Lorsque vous voyagerez dans l'île de Saint-Martin et que vous traverserez du côté français au côté néerlandais (et vice versa), vous n'aurez pas toujours conscience de traverser une frontière, car il n'existe pas de poste délimitant les deux pays, un simple écriteau indiquant cette frontière. Vous n'aurez pas alors à vous préoccuper d'un quelconque poste de douane. Dans l'éventualité où vous désiriez vous rendre de Saint-Martin à Saint-Barthélemy en avion, et que vous partiez de l'aéroport situé dans la partie néerlandaise, vous devrez alors prendre un vol international, aussi devrez-vous avoir votre passeport avec vous si vous n'êtes pas de nationalité française.

Taxe de départ

Les îles de Saint-Martin et de Saint-Barthélemy sont exemptes de taxes, mais une exception existe pour les voyageurs. Ainsi, en quittant l'île par l'aéroport Princess Juliana, à Sint-Maarten (côté néerlandais), toute personne âgée de plus de deux ans, y ayant séjourné plus d'une nuit, doit payer une taxe de départ de 10$US (120F). Les personnes partant par bateau vers Saint-Barthélemy doivent, pour leur part, payer une taxe de 5$US.

À Saint-Barthélemy, la taxe de départ est incluse dans le prix du billet d'avion.

LES CONSULATS

Les consulats peuvent fournir une aide précieuse aux visiteurs qui se trouvent en difficulté (par exemple en cas d'accident ou de décès, fournir le nom de médecins ou d'avocats, etc.). Toutefois, seuls les cas urgents sont traités. Il est à noter que les coûts relatifs à ces services ne sont pas défrayés par les missions consulaires.

Belgique
1, Passe Dessart, ZI Jarry, 97152 Pointe-à-Pitre, Guadeloupe, ☎(590) 26.60.18, ⇄(590) 26.87.20.

Canada
Il n'y a pas de consulat canadien à Saint-Martin et en Guadeloupe. En cas de besoin, vous devez contacter le bureau de Trinidad et Tobago : 72, South Quay, C.P. 1246, Port-of-Spain, ☎(809) 623-7254 ou 625-6734, ⇄(809) 624-4016.

Suisse
Il n'y a pas de consulat suisse à Saint-Martin et en Guadeloupe. Si vous avez des ennuis, vous pouvez contacter l'ambassade de Martinique : ZI de la Jambette, 97232 Le Lamentin,

☎(596) 50.12.43; ou l'ambassade de Suisse à Paris : 142, rue de Grenelle, 75007 Paris, ☎(33.1) 49.55.67.00, ⇄(33.1) 45.51.34.77.

Ambassades, consulats et offices français du tourisme de Saint-Martin à l'étranger

Belgique
Maison de la France, 21, avenue de la Toison-d'Or, 1060 Bruxelles, ☎(32) 513.73.89, ⇄(32) 514.33.75.

Canada
Maison de la France, 1981, avenue McGill College, Montréal, Québec, H3A 2W9, ☎(514) 288-4264.

France
12, rue de Madrid, 75008 Paris, ☎01.53.42.41.00, ⇄01.45.22.78.87.

Suisse
Maison de la France, 2, rue Thalberg, 1201 Genève, ☎(41) 227.328.610 ou 227.313.480.

Maison de la France, Bahnofstrasse 16 Postfach 4979, CH 8022 Zurich, ☎(41) 211.30.85, ⇄(41) 212.16.44.

Italie
Maison de la France, Via Larga 7, 20122 Milan, ☎(39) 2 58 31 66 10, ⇄(39) 2 58 31 65 79.

Ambassades, consulats et offices néerlandais du tourisme de Sint-Maarten à l'étranger

Belgique
Ambassade Royale des Pays-Bas, rue de la Science 35, 1040 Bruxelles.

Canada
Office de Tourisme Sint-Maarten, 343 Ellerslie Avenue, Willowdale, Ontario, M2N 1Y5, ☎(416) 223-3501.
Consulat général des Pays-Bas, 1002 rue Sherbrooke Ouest, bureau 2201, Montréal, Québec, H3A 3L6, ☎(514) 849-4247, ⇄(514) 849-8260.

France
Ambassade Royale des Pays-Bas, 7-9 rue Eblé, 75007 Paris, ☎01.43.06.61.88, ⇄01.40.56.01.32.

Suisse
Ambassade Royale des Pays-Bas, Kollerweg 11, 3005 Berne, ☎(41) 352.70.63, ⇄(41) 352.87.35.

Bureau de renseignements touristiques sur l'île de Saint-Martin

Partie française

Port de Marigot, 97150 Marigot, ☎590-87.57.23, ⇄590-87.56.43, www.interknowledge.com/st-martin.

Vous trouverez également un bureau de renseignements touristiques sur la route de Sandy Ground.

Par Internet : www.st-martin.org, www.frenchcaribbean.com

Partie néerlandaise

St. Maarten Tourist Bureau, Imperial Building, 23 Walter Nisbeth Road, Philipsburg, ☎(5995) 22-337, ⇄(5995) 22-734, www.st-maarten.com.

Bureau de renseignements touristiques à Saint-Barthélemy

Quai du Général de Gaulle, 97095 Gustavia, ☎27.87.27, ⇄27.74.47, www.saint-barths.com.

L'ARRIVÉE À SAINT-MARTIN

L'île de Saint-Martin comprend deux aéroports internationaux, l'un situé du côté français, L'Espérance (près de Grand Case), qui n'est en mesure que de recevoir de petits avions, et l'autre se trouve du côté néerlandais, où la très grande majorité des vacanciers arrivent. Plusieurs personnes abordent également les côtes de Saint-Martin par bateau, nombre de croisières y faisant une escale. Les visiteurs arrivent alors du côté néerlandais de l'île, car seul le port de Philipsburg est équipé pour recevoir les bateaux de croisière.

Par avion

Aéroport Princess Juliana

L'aéroport Princess Juliana (zone hollandaise) reçoit la majorité des vacanciers et possèdent toutes les infrastructures nécessaires à leur accueil : longue piste d'atterrissage située à l'extrémité de la plage de Maho Bay, boutiques hors taxes, restaurants et agences de location de voitures. Il y règne une animation constante.

Des services d'informations téléphoniques sont offerts aux voyageurs (informations générales : ☎54-211; informations sur les vols : ☎52-161).

Plusieurs compagnies aériennes y ont un comptoir :

Air Saint-Barth: ☎(599-5) 53-151
Air France : ☎(599-5) 54-212
KLM : ☎(599-5) 54-240
Winnair : ☎(599-5) 52-568
AOM : ☎(599-5) 54-344

Si vous avez l'intention d'y louer une voiture (voir p 126), vous n'aurez aucun mal à combler vos attentes car plusieurs agences y ont un comptoir. Elles se trouvent toutes à la sortie de l'aéroport. Comme chaque commerçant souhaite proposer ses services aux nouveaux venus, il est possible, en basse saison, de négocier quelque peu le prix de la location. En haute saison, l'activité étant à son comble, il est rare que l'on puisse bénéficier d'une quelconque réduction. Il est alors sage de réserver à l'avance.

De l'aéroport Princess Juliana, il est aisé de se rendre à Philipsburg, situé à 10 km à l'est, et à Marigot, également à une dizaine de kilomètres. Si vous désirez vous rendre à Philipsburg en voiture, tournez à droite en quittant l'aéroport. Pour vous rendre à Marigot, deux chemins sont possibles. Vous pouvez emprunter la route en direction de Philipsburg; puis, après avoir parcouru quelques kilomètres, vous croiserez une autre route bifurquant vers l'intérieur des terres et menant directement à Marigot. Il est aussi possible de tourner à gauche en sortant de l'aéroport, en direction de Terres Basses; cette route mène directement à Marigot. Peu de véhicules empruntent ce dernier trajet, qui s'effectue facilement.

Vous pouvez également opter pour le taxi. Sachez que les voitures ne sont pas équipées de compteur et qu'il existe des tarifs fixes pour aller partout dans l'île. À titre d'exemple, le trajet pour se rendre de l'aéroport à Marigot ou à Philipsburg coûte 8$US (voir p 58).

Enfin, de petits autobus sillonnent l'île et font le trajet entre l'aéroport et Philipsburg pour 1,50$US. Arrivé à Philipsburg, vous devrez prendre un autre bus pour Marigot (comptez encore 1,50$US). Les bus passent environ aux 10 min.

Aéroport de L'Espérance

L'aéroport de L'Espérance (zone française) ne peut recevoir que de petits avions (généralement ceux desservant les autres îles antillaises) et ne démontre pas la même activité que l'aéroport Princess Juliana; à certaines heures d'ailleurs, tout y est fermé. Vous pouvez obtenir des renseignements sur les vols en composant le ☎05.90.87.53.03.

Si vous partez pour Saint-Barth, il peut être préférable d'opter pour cet aéroport moins fréquenté que celui du côté néerlandais. Vous serez moins bousculé par une foule de voyageurs fébriles, vous attendrez moins au comptoir d'enregistrement et vous profiterez d'un environnement plus calme. Il demeure toutefois que cet aéroport dispose de moins de services.

Quelques compagnies aériennes possèdent également un petit comptoir à cet aéroport :

Air Saint-Barthélemy : ☎05.90.87.73.46
Air Guadeloupe : ☎05.90.87.76.59

Il est aussi possible d'y louer une voiture (voir p 78). Lorsque vous quitterez l'île de Saint-Martin, il y a de fortes chances que vous partiez de l'aéroport Princess Juliana. Aussi peut-il être sage de vérifier que vous pourrez alors y laisser votre voiture, même si vous l'avez pris à l'aéroport de Grand Case.

L'aéroport est situé à environ 1 km de Grand Case et à 5 km de Marigot. Pour vous y rendre, empruntez la route principale en direction ouest.

Par bateau

De nombreuses lignes maritimes sillonnent les Caraïbes et font escale à Sint-Maarten. Ainsi des bateaux tels que le *Princess Cruise* et le *TSS Festival* vous conduisent jusqu'à l'île, où vous serez accueilli au port de Philipsburg. De là, vous pourrez magasiner sur la trépidante Frontstreet ou profiter d'une des belles plages des environs.

L'ARRIVÉE À SAINT-BARTHÉLEMY

L'île de Saint-Barth ne possède qu'un aéroport ne pouvant accueillir que de petits avions, aussi les voyageurs arrivant d'Europe ou du Canada sur les gros transporteurs arrêtent-ils généralement à Sint-Maarten ou à La Guadeloupe pour y changer d'avion. Les personnes ayant plutôt choisi de se rendre dans les Antilles par la mer pourront accoster dans l'île, car le port de Saint-Barth (Gustavia), bien que de petite envergure, est équipé pour recevoir tout bateau de croisière.

Par avion

Bien que de petite taille, l'**aéroport de Saint-Barth** dispose de tous les services qu'on retrouve habituellement dans un aéroport international, comme un poste de douane, des agences de location de voitures et un petit restaurant.

Les personnes désirant obtenir des renseignements sur leur vol peuvent composer le ☎05.90.27.65.41.

Les différentes compagnies aériennes ont un représentant sur place.

Air Guadeloupe : ☎05.90.27.61.90
Air Saint-Barth: ☎05.90.27.61.90
Winnair : ☎05.90.27.61.01

Les visiteurs qui souhaitent louer une voiture n'auront pas de mal à s'en procurer une, plusieurs agences ayant un représentant à l'aéroport (voir p 152). Leurs comptoirs sont tous installés les uns à côté des autres dans un petit bâtiment attenant à celui qui fait office d'aérogare. Ces compagnies proposent des modèles de voitures similaires, et vous aurez essentiellement le choix entre les «MOKE», ces petits véhicules tout-terrains fort agréables sans toit, et les *Suzuki Sidekick*, d'une construction plus solide. Quant aux prix, il y a peu de chance que vous réussissiez à les négocier, particulièrement durant la haute saison, alors que les voitures sont souvent toutes réservées à l'avance; soyez prévoyant.

À l'aéroport même, il n'y a pas de boutiques; toutefois, juste en face, se trouve un centre commercial avec banque et boutiques (alcool, parfumerie, etc.).

L'aéroport est situé à environ 2 km de Saint-Jean et de Gustavia. Si vous avez loué une voiture ou un scooter, en sortant du stationnement, vous devrez tourner à gauche pour Saint-Jean ou à droite pour Gustavia.

Vous pouvez également opter pour le taxi, car il en existe une station à l'aéroport. Vous pouvez la joindre en composant le ☎05.90.27.75.81.

Enfin, sachez qu'il n'existe pas de transport en commun dans l'île. Si vous avez décidé de ne louer ni voiture ni scooter, vous devrez donc soit marcher, soit faire de l'auto-stop.

Par bateau

De nombreuses lignes maritimes sillonnent les Caraïbes et font escale à Saint-Barthélemy. Ainsi des bateaux tels que le *Sea Goddess*, le *Renaissance*, le *Star Flyer* et le *Sun Viking* vous emmènent dans l'île, où vous serez accueilli au port de Gustavia, d'où vous pourrez partir à la découverte de l'île.

DE SAINT-MARTIN À SAINT-BARTHÉLEMY

Si vous disposez d'une journée, vous pouvez envisager partir en excursion à Saint-Barthélemy (ou à Saint-Martin), les deux étant situées à une trentaine de kilomètres l'une de l'autre, plusieurs entreprises proposant de telles excursions. Cette promenade, en bateau ou en avion, pourra être mémorable (particulièrement si vous partez de Saint-Martin vers Saint-Barth en bateau), en raison des beaux paysages que vous pourrez admirer, mais aussi à cause de la traversée.

Des bateaux partent tous les jours de Philipsburg (Bobby's Marina) ou du port de Saint-Barth (Gustavia) et atteignent l'île voisine en une heure et demie. L'océan (surtout durant l'été) est souvent fort houleux, et le voyage peut être mouvementé; les cœurs sensibles risquent d'être secoués... (apportez-vous des pilules contre le mal de mer). Heureusement, pour les autres, on tente de rendre votre voyage le plus agréable possible, et la balade en vaut la peine. Parmi les entreprises organisant ces excursions au départ de Saint-Martin au coût de 50$US pour le transport ou de 80$US pour l'excursion comprenant aussi le déjeuner et un tour de Saint-Barth, mentionnons **Gustavia Express** *(départ de l'Anse Marcel, ☎05.90.27.54.65)*, **White Octopus** *(départ de Philipsburg)*, **Voyager** *(départ de Marigot et de Philipsburg; Marigot ☎05.90.87.10.68, St. Barth ☎05.90.27.54.10)* et **The Edge** *(départ de Philipsburg)*. À l'entrée de la Bobby's Marina (Philipsburg) se trouve un kiosque où l'on vend les billets pour les excursions. Au départ de Saint-Barth, des excursions similaires sont organisées au coût de 270F par les entreprises **Saint-Barth Espress** et **Dauphin II**.

Par avion, le voyage dure 10 min, pendant lesquelles vous survolez l'océan dans un petit bimoteur qui offre une stabilité toute relative. Le départ s'effectue des aéroports Princess Juliana ou de L'Espérance, à Saint-Martin, ou de l'aéroport de Saint-Barth. Il existe plusieurs vols par jour entre ces deux îles, mais il est tout de même prudent de réserver à l'avance, surtout si vous désirez partir une journée précise à une heure précise. Il faut compter environ 100$US pour un voyage aller-retour. Les compagnies aériennes Air Guadeloupe, Air Saint-Barth et Winnair relient les deux îles.

Saint-Martin réserve aux visiteurs des lieux d'hébergement aux atours tous plus somptueux les uns que les autres, tel ce bel aménagement hôtelier. - *L.P.*

Sur Saint-Martin, certaines plages blondes ourlées de turquoise sont encore agréablement sauvages et intimes.
- L.P.

Le madras, tissu traditionnellement fabriqué dans les Antilles, habille encore les poupées vendues au marché de Marigot.
- L.P.

Avec **Air Saint-Barth**, comptez 77$US. Les départs ont lieu de 7h à 17h. Réservez à l'avance (surtout en haute saison).

Avec **Winnair**, comptez 82$US. L'horaire est similaire à celui d'Air Saint-Barth. Réservez aussi à l'avance (surtout en haute saison).

Air Guadeloupe
Marigot : ☎05.90.87.53.74
Aéroport Princess Juliana : ☎54-212
Aéroport Grand Case : ☎05.90.87.76.59
Saint-Barth : ☎05.90.27.61.50

Air Saint-Barth
Aéroport Princess Juliana : ☎53-651
Aéroport Grand Case : ☎05.90.87.10.36
Saint-Barth : ☎05.90.27.61.90

Winnair
Aéroport Princess Juliana : ☎52-568
Saint-Barth : ☎05.90.27.61.01

LES ASSURANCES

L'assurance-annulation

L'assurance-annulation est normalement offerte par l'agent de voyages au moment de l'achat du billet d'avion ou du forfait. Elle permet le remboursement du billet ou du forfait dans le cas où le voyage devrait être annulé, en raison d'une maladie grave ou d'un décès. Les gens n'ayant pas de problèmes de santé ont peu de chance d'avoir recours à une telle protection. Elle demeure par conséquent d'une utilité relative.

L'assurance contre le vol

La plupart des assurances-habitation au Canada protègent une partie des biens contre le vol, même si celui-ci a lieu à l'étranger. Pour réclamer, il faut avoir un rapport de police. Selon les montants couverts par votre police d'assurancehabitation, il n'est pas toujours utile de prendre une assurance supplémentaire. Pour les visiteurs européens, veillez à avoir une assurance qui protège vos biens à l'étranger.

L'assurance-vie

Pour nombre de personnes, il peut paraître important de prendre une assurance-vie avant de partir en voyage, si elles n'en possèdent pas déjà une.

L'assurance-maladie

L'assurance-maladie est sans nul doute la plus importante à se procurer avant de partir en voyage, et il est prudent de bien savoir la choisir, car cette police doit être la plus complète possible. Les voyageurs français n'ont pour leur part pas de souci à se faire, car les soins de santé sont gratuits pour eux àSaint-Martin (partie française) et à Saint-Barth. Il faut toutefois savoir qu'il n'existe que de petites cliniques dans ces îles et, en cas de graves problèmes de santé, il est généralement nécessaire d'aller se faire soigner à l'extérieur, notamment en Guadeloupe, ce qui implique des coûts de déplacement souvent élevés. Ces coûts ne sont pas couverts par la sécurité sociale française. Les voyageurs français devraient par conséquent toujours s'assurer de disposer d'une police qui les couvrirait.

Au moment de l'achat de la police, il faudrait veiller à ce qu'elle couvre bien les frais médicaux de tout ordre comme l'hospitalisation, les services infirmiers et les honoraires des médecins (jusqu'à concurrence d'un montant assez élevé) ainsi qu'une clause de rapatriement, pour le cas où les soins requis ne peuvent être administrés sur place. En outre, il peut arriver que vous ayez à débourser le coût des soins en quittant la clinique; il faut donc vérifier ce que prévoit la police dans ce cas. S'il vous arrivait un accident durant votre séjour, vous devriez toujours garder sur vous la preuve que vous avez contracté une assurance-maladie, ce qui vous évitera bien des ennuis.

LA SANTÉ

En partant pour Saint-Martin ou pour Saint-Barth, vous pouvez être rassuré en ce qui concerne votre santé car, quoi qu'il vous arrive, sachez que les soins qui y sont offerts sont de bonne qualité et que les pharmacies sont nombreuses et disposent des médicaments les plus récents sur le marché. En outre, avant de partir, vous n'aurez pas à vous prémunir contre une maladie infectieuse. Seules les personnes arrivant de régions infectées par la fièvre jaune doivent être vaccinées contre celle-ci.

Dans la petite trousse de santé que vous aurez la prudence d'apporter, pensez ajouter une paire de lunettes de rechange (si vous en portez), vos médicaments habituels ainsi qu'une ordonnance au cas où vous les perdriez.

Certes, ces îles ne sont pas exemptes de tout désavantage en ce qui a trait à votre santé. Deux des bienfaits de ces îles, le climat et la nourriture, parfois différents de ceux auxquels vous êtes habitué, peuvent être la source de certains inconvénients. Ainsi, il n'est pas rare que les visiteurs souffrent de troubles de digestion, de diarrhée ou de fièvre. Si tel était le cas, vous pourrez calmer vos intestins en ne mangeant rien de solide et en buvant de l'eau ou des boissons gazeuses (évitez le lait). Si les symptômes persistaient, envisagez d'effectuer une visite chez le médecin.

Aussi attirants que puissent être les chauds rayons du soleil, ils peuvent être la cause de bien des petits ennuis : aussi, pour profiter au maximum de ses bienfaits sans souffrir, veillez à toujours opter pour une crème solaire qui vous protège bien (indice de protection 15 pour les adultes et 25 pour les enfants) et que vous appliquerez de 20 à 30 min avant de vous exposer. Toutefois, même avec une bonne protection, une trop longue période d'exposition, les premières journées surtout, peut causer une insolation provoquant étourdissement, vomissement, fièvre, etc. N'abusez donc pas du soleil. Un parasol, un chapeau et des lunettes de soleil sont autant d'accessoires qui vous aideront à contrer les effets néfastes du soleil tout en profitant de la plage.

L'omniprésence des insectes, particulièrement durant la saison des pluies, aura vite fait d'ennuyer plus d'un vacancier. Soyez donc prévoyant. De bons insectifuges ainsi que des pommades pour calmer les irritations causées par les piqûres vous seront fort utiles. Quelques trucs pourront certainement vous permettre de minimiser ces rencontres inopportunes. Ainsi, en soirée et lors de vos promenades en montagne ou dans les régions forestières, couvrez-vous bien (pour les promeneurs, des chaussettes sont à conseiller), évitez les vêtements aux couleurs vives, ne vous parfumez pas et munissez-vous de bons insectifuges.

Vous devrez en outre prendre garde de vous tenir trop près d'un arbre, le mancenillier, de la famille des euphorbiacées, qui produit un suc vénéneux pouvant provoquer de graves brûlures. Autour des plages, il a été systématiquement arraché, mais il en reste en divers endroits des îles. La plupart ont été marqués d'un signe rouge ou sont signalés par un petit écriteau. Vous pouvez le reconnaître à ses petites feuilles rondes dont la nervure centrale est jaune. Sachez que non seulement le suc, mais aussi le tronc, les feuilles et son fruit, la mancenille, peuvent causer des brûlures; n'y touchez donc pas (ou pis, ne mangez pas son fruit). Ne commettez pas non plus l'erreur de vous abriter sous cet arbre durant les ondées, car l'eau de pluie entraîne avec elle le suc vénéneux. Si jamais vous subissiez une brûlure ou mangiez une mancenille par mégarde, consultez un médecin.

L'eau est potable partout.

LE CLIMAT

La température moyenne à Saint-Martin et à Saint-Barthélemy est de 26°C. La chaleur n'y est jamais excessive puisque des brises régulières, les alizés, soufflant de l'est et du nord-est, rafraîchissent les journées. On distingue néanmoins deux saisons, soit la saison sèche, qui s'étend de novembre à avril, et la saison des pluies, allant de mai à octobre. La saison sèche est la plus agréable car la chaleur y est moins étouffante et les pluies y sont plus rares. À cette époque, on enregistre des températures moyennes de 24°C le jour et de 19°C la nuit. On peut tout de même voyager durant la saison des pluies puisque les averses, bien qu'abondantes, sont souvent brèves. Du mois d'août au mois d'octobre, les averses sont plus fréquentes. C'est aussi durant cette période de l'année que les ouragans se produisent. Durant la saison des pluies, il faut s'attendre à des températures moyennes de 27°C le jour et de 22°C la nuit. Les heures d'ensoleillement demeurent à peu près les mêmes toute l'année.

On peut obtenir des renseignements sur les prévisions météo en téléphonant :

de Saint-Martin : ☎05.90.90.22.22
de Sint-Maarten : ☎54-228
de Saint-Barth: ☎05.90.27.60.17

En ce qui a trait à la météo marine, on diffuse deux bulletins par jour à la radio sur les ondes de RFO (88,9), à 6h28 et à 18h50.

LA PRÉPARATION DES VALISES

Le type de vêtements à apporter varie peu d'une saison à l'autre. D'une manière générale, les vêtements de coton, amples et confortables, sont les plus appréciés dans ces îles. Pour les balades en ville, il est préférable de mettre des chaussures fermées couvrant bien les pieds, car elles protègent mieux des blessures qui risqueraient de s'infecter. N'oubliez pas vos sandales de caoutchouc pour la plage. Durant la saison des pluies, un petit parapluie s'avérera fort utile pour se protéger des ondées. En prévision des sorties au casino ou dans les discothèques, transportez dans vos bagages des vêtements plus chics. Si vous prévoyez faire une randonnée en montagne, apportez de bonnes chaussures.

LA SÉCURITÉ

Comme partout, il y a certains risques de vol à Saint-Martin (très peu à Saint-Barth). Une certaine discrétion pourra éviter des ennuis. Il est également sage de ne pas sortir tous vos billets de banque quand vous achetez quelque chose et de ne rien laisser à la vue dans la voiture.

Une ceinture de voyage vous permettra de dissimuler une partie de votre argent, vos chèques de voyage et votre passeport. Dans l'éventualité où vous vous feriez voler vos valises, vous conserverez ainsi ces documents et l'argent nécessaire pour vous dépanner. N'oubliez pas que moins vous attirez l'attention, moins vous courez le risque de vous faire voler.

Si vous apportez vos objets de valeur à la plage, il vous est conseillé de les garder à l'œil. Il est généralement plus prudent de garder ses objets de valeur dans un petit coffret de sûreté dont disposent la plupart des hôtels.

LES TRANSPORTS

Le réseau routier de Saint-Martin se résume à peu de chose : une seule route fait le pourtour de l'île, et une autre relie Philipsburg à Marigot en passant par le centre. Il existe également quelques chemins, parfois non revêtus, qui mènent aux différentes plages. Relativement peu de voitures circulent sur ces routes étroites, mais le trafic routier est souvent dense à l'entrée de Philipsburg. Sur ces routes, la limite de vitesse est généralement de 90 km/h (110 km/h à certains endroits).

Saint-Barthélemy, avec ses 25 km^2 de superficie, possède bien sûr un réseau routier peu étendue, mais amplement suffisant pour les besoins de ses habitants. Les routes, où peu de véhicules circulent, sont presque toujours revêtues (à l'exception de rares chemins menant à des plages peu fréquentées), souvent étroites et abruptes. Si vous décidez de louer un véhicule, vous n'aurez aucun problème à vous promener partout dans l'île.

Quelques conseils pour la route à Saint-Martin et à Saint-Barth

Il est facile de trouver son chemin partout dans les îles, et vous accéderez aisément au centre-ville de chacune des petites villes, car la signalisation routière est généralement bonne et vous pouvez vous y fier. Du côté néerlandais de Saint-Martin, certaines zones possèdent une signalisation moins bonne.

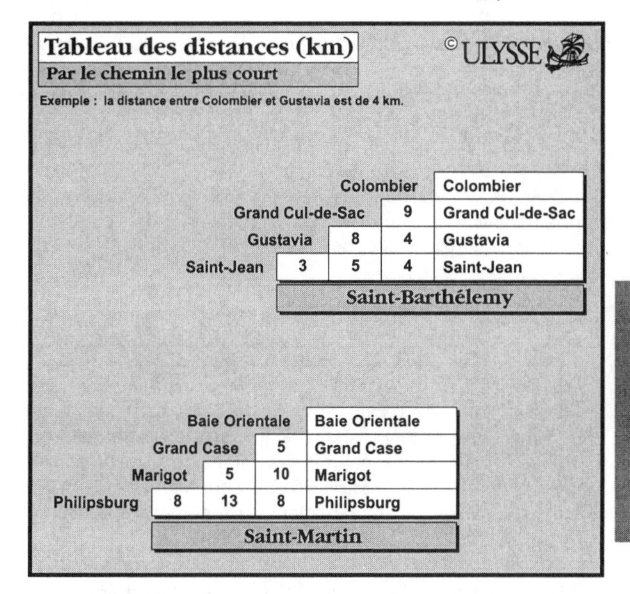

Tableau des distances (km)

Par le chemin le plus court

Exemple : la distance entre Colombier et Gustavia est de 4 km.

Saint-Barthélemy

	Colombier	Grand Cul-de-Sac	Gustavia	Saint-Jean
Colombier				
Grand Cul-de-Sac	9			
Gustavia	4	8		
Saint-Jean	4	5	3	

Saint-Martin

	Baie Orientale	Grand Case	Marigot	Philipsburg
Baie Orientale				
Grand Case	5			
Marigot	10	5		
Philipsburg	8	13	8	

Les routes sont pour la plupart peu éclairées et serpentent souvent à flanc de colline, aussi devrez-vous être prudent si vous conduisez le soir.

N'oubliez pas que, sur les routes, il existe une priorité à droite. Par conséquent, aux intersections, vous devez laisser passer les voitures arrivant par la droite.

Soyez très vigilant à l'approche des dos d'âne sur la chaussée, qui sont placés en des points stratégiques, particulièrement sur l'île de Saint-Martin, où ils se trouvent généralement à l'entrée des villages, près des sites hôteliers. Ils sont nombreux. Pour être bien visibles des conducteurs, ils sont pour la plupart peints en jaune, mais il arrive qu'ils soient plus discrets. Pour vous éviter des arrêts brusques ou des chocs violents (quand vous les voyez trop tard), prenez l'habitude de ralentir quand vous traversez une ville ou lorsque vous passez près des sites touristiques comme baie Nettlé ou Mullet Bay.

Pour faciliter vos déplacements partout dans les îles, procurez-vous la carte de la Guadeloupe produite par IGN (Institut

Géographique National) à l'échelle 1 : 100 000. Il existe également une carte de Saint-Martin et Saint-Barthélemy à l'échelle 1 : 25 000, sans doute la plus précise qu'on puisse se procurer sur le marché.

On trouve des postes d'essence dans tous les coins de l'île. À Saint-Martin, le prix de l'essence est semblable à la moyenne nord-américaine. À Saint-Barth, le prix est moindre. La plupart des stations-service acceptent les cartes de crédit.

La location d'une automobile

Il y a des centres de location de voitures dans les aéroports Princess Juliana, de L'Espérance et de Saint-Barth, ainsi que près des villages touristiques. Quel que soit le centre que vous choisissez, vous devez prévoir débourser de 60$US pour le modèle économique à plus de 80$US pour les véhicules tout-terrains (kilométrage illimité) par jour, sans compter les assurances et les taxes.

À Saint-Barthélemy, la plupart des agences louent seulement deux types de véhicules : des tout-terrains (*Suzuki*) qui roulent bien, et des «Moke», de petites voitures rigolotes sans toit, tout ce qu'il y a de plus agréable pour les balades au bord de la mer. Comptez au moins 300F par jour en haute saison.

Au moment de la location, il est conseillé de prendre une assurance-automobile couvrant bien tous les frais que pourrait entraîner un accident. Si vous payez avec une carte de crédit, n'oubliez pas que certaines cartes Or offrent automatiquement une assurance-automobile. Vérifiez cependant que la couverture offerte soit bien complète. De plus, veillez à ce que les modalités de paiement soient clairement définies. Enfin, sachez que, lors de la signature du contrat, votre carte de crédit devra couvrir les frais de location et le montant de la franchise de l'assurance.

Un permis de conduire valide de votre pays est accepté.

Il faut être âgé d'au moins 21 ans pour louer une automobile.

Si vous voyagez durant la haute saison, prévoyez réserver votre voiture à l'avance.

La location d'un scooter ou d'un vélo

Si l'envie vous prend de partir sillonner les routes de l'île en scooter ou en vélo, notez que vous pouvez louer facilement ces véhicules. Comptez environ 150F par jour de location pour un scooter et 60F pour un vélo. On exigera que vous laissiez en dépôt votre permis de conduire ainsi que 300F lors de la location d'un scooter. N'oubliez pas que la conduite doit être prudente et que le port du casque est obligatoire. Les routes rarement ombragées de Saint-Martin et les côtes abruptes de Saint-Barth pourront décourager bien des cyclistes amateurs.

Saint-Martin

Marigot

Eugène Moto : ☎05.90.87.13.97

Baie Nettlé

Rent a Scoot : ☎05.90.87.20.59

Saint-Barth

Gustavia

Chez Béranger : ☎05.90.27.89.00
Fredo Moto : rue Courbet

Saint-Jean

Ouanalao Moto : Galeries du Commerce (à côté de l'aéroport), ☎05.90.27.88.74

Le taxi

Le taxi est un des moyens de transport efficaces à Saint-Martin, car il sillonne toutes les routes. En montant dans une voiture, ne soyez pas surpris de constater qu'aucune n'est muni de compteur. Vous n'en aurez nul besoin d'ailleurs, car le prix des courses est fixé au préalable (on ne peut les négocier). Voici quelques exemples des tarifs demandés :

Marigot - Baie Nettlé	10$US
Marigot - Grand Case	8$US
Marigot - Aéroport de L'Espérance	8$US
Marigot- Oyster Pond	20$US
Marigot - Philipsburg	8$US
Philipsburg - Orient Bay	15$US
Philipsburg - Mullet Bay	8$US
Aéroport Princess Juliana - Baie Nettlé	15$US

À Saint-Barth, vous en trouverez près de la marina à Gustavia et à l'aéroport de Saint-Jean. Vous pourrez aussi les joindre par téléphone :

Gustavia : ☎05.90.27.66.31
Aéroport : ☎05.90.27.75.81

L'autobus

Il n'existe pas de système de transport en commun à Saint-Martin. Les autobus qui sillonnent l'île sont autant de petites entreprises privées qui ne desservent pas toute l'île. Ainsi, aucun ne se rend à Terres Basses. Essentiellement, on peut prendre ces bus pour se rendre de Mullet Bay à Philipsburg, de Philipsburg à Orient Bay, de Philipsburg à Marigot et de Marigot à Grand Case. Il s'agit d'un moyen de transport efficace (en autant qu'on désire se rendre dans une de ces villes) et peu coûteux. On les identifie à leur petite enseigne placée dans le pare-brise indiquant les villes desservies.

À Saint-Barthélemy, vous ne pourrez compter sur un quelconque système de transport en commun ou sur des services d'autocar privés car ils sont inexistants.

L'auto-stop

À Saint-Martin, pour bon nombre d'habitants, l'auto-stop est la façon la plus efficace de se déplacer (surtout entre les villes non desservies par les bus). Fréquemment, pour de courtes distances, en attendant l'autobus, ils font de l'auto-stop au cas où... Cette formule fonctionne bien. Un minimum de prudence s'impose toutefois, en particulier pour les femmes voyageant seules.

Vous pourrez aussi tenter votre chance à Saint-Barth; néanmoins, les voitures étant peu fréquentes et les distances souvent courtes, il est parfois plus rapide de marcher.

LES SERVICES FINANCIERS

La monnaie

À Saint-Martin, vous pourrez utiliser trois devises différentes : les dollars américains, les francs et les florins. Seuls les dollars américains sont acceptés partout. Les francs ne sont acceptés que du côté français de l'île et les florins qu'en partie hollandaise, aussi étrange que cela puisse paraître dans cette île qui n'a, en fait, pas de poste-frontière. Ainsi, n'essayez pas de payer en francs à Philipsburg, ni en florins à l'aéroport de L'Espérance. Si vous demeurez en zone néerlandaise, apportez-vous des dollars américains plutôt que toute autre monnaie. Par contre, si votre hôtel se trouve à Saint-Martin, vous avez le choix entre les francs et les dollars. Cependant, veillez à avoir quelques billets américains, si jamais vous allez en zone néerlandaise (n'oubliez pas que l'aéroport international se trouve à Sint-Maarten).

Pour certains voyageurs étrangers, notamment pour les Canadiens, il peut être plus avantageux de payer en francs qu'en dollars américains (selon le taux de change, bien sûr). Vérifiez donc toujours les taux offerts avant de changer vos billets.

Taux de change

1$US	=	6,16 FF	1 FF	=	0,16$US
1$CAN	=	4,19 FF	1 FF	=	0,24$CAN
10FB	=	1,63 FF	1 FF	=	6,15FB
1FS	=	4,09 FF	1 FF	=	0,24FS
1000LIT	=	3,39 FF	1 FF	=	295,07LIT
100PTA	=	3,94 FF	1 FF	=	25,36PTA
1EURO	=	6,56 FF	1 FF	=	0,15EURO
1$CAN	=	0,68$US	1$US	=	1,47$CAN
10 FB	=	0,26$US	1$US	=	37,85FB
1 FF	=	0,16$US	1$US	=	6,15FF
1 FS	=	0,67$US	1$US	=	1,50FS
1000 LIT	=	0,55$US	1$US	=	1815,71 LIT
100 PTA	=	0,64$US	1$US	=	156,03 PTA
1 EURO	=	1,07$US	1$US	=	0,96EURO

À Saint-Barth, le franc français est la monnaie officielle, mais plusieurs commerçants acceptent également le dollar américain.

À Saint-Martin, du côté français, vous pourrez être surpris de constater que parfois le montant de la facture n'est pas indiqué en francs mais bien en dollars américains. La raison en est bien simple : les commerçants font souvent affaire avec les établissements bancaires situés du côté néerlandais. Pour certains voyageurs, il peut parfois être moins favorable de payer en dollars américains qu'en francs; demandez toujours qu'on vous fixe le prix dans la monnaie que vous désirez. Il arrive parfois que vous puissiez payer dans la monnaie que vous préférez.

Les prix indiqués dans ce guide sont en dollars américains pour Sint-Maarten et en francs français pour Saint-Martin et Saint-Barthélemy.

Les banques

À Saint-Martin, bon nombre de banques changent les devises étrangères en francs, en florins et en dollars américains. Elles offrent généralement un bon taux. À Sint-Maarten, vous pouvez effectuer vos transactions du lundi au jeudi de 8h30 à 15h30, et jusqu'à 16h30 le vendredi. La banque de l'aéroport Princess Juliana est ouverte du lundi au dimanche de 8h30 à 17h30. À Saint-Martin, les banques ouvrent de 8h à 12h et de 14h à 16h.

À Saint-Barth, vous trouverez des banques près de l'aéroport et à Gustavia. Toutes offrent de changer la monnaie soit en francs, soit en dollars américains. De façon générale, ces établissements sont ouverts de 8h à 12h et de 13h à 17h.

Dans les deux îles, la journée précédant une fête légale, les banques ferment à midi.

Les bureaux de change

On peut également changer sa monnaie dans les bureaux de change. Les taux offerts par ces bureaux sont parfois moins intéressants, mais vous n'avez pas de commission à payer.

Les grands hôtels changent également l'argent. Les taux offerts y sont généralement moins intéressants que ceux des banques ou des bureaux de change.

Les chèques de voyage

Il est toujours plus prudent de garder la majeure partie de son argent en chèques de voyage. La solution la plus simple consiste à prendre des chèques en dollars américains si vous voyagez dans la zone néerlandaise de Saint-Martin, ou en francs si vous restez dans la zone française de Saint-Martin ou à Saint-Barth. Pour éviter des ennuis au cas où vous les perdriez, gardez toujours une copie des numéros de vos chèques dans un endroit à part, car la société émettrice pourra vous les remplacer plus facilement et plus rapidement.

Les cartes de crédit

Les cartes de crédit sont acceptées dans bon nombre de commerces, en particulier les cartes Visa (Carte Bleue) et MasterCard. Cependant, ne comptez pas seulement sur elles; veillez à toujours avoir des espèces sur vous.

Les chèques

Les visiteurs français ne devraient pas compter payer uniquement par chèque car, les cas de fraude ayant été nombreux par le passé, plusieurs commerçants les refusent désormais.

POSTE, TÉLÉGRAPHIE ET TÉLÉCOMMUNICATIONS

On rencontre de tels bureaux de poste et de télécommunication à Marigot, à Philipsburg et à Gustavia. Chacun dispose d'un téléphone duquel vous pourrez faire vos appels à l'étranger.

Ce sont également dans ces bureaux que vous pourrez vous procurer les télécartes qui vous permettent de téléphoner des cabines téléphoniques publiques. À Saint-Martin, il existe deux cartes, l'une coûtant 36F et l'autre 87F; à Sint-Maarten, il en existe une au prix de 9,95$US.

L'indicatif régional pour la zone néerlandaise est le 599-5. Des changements au système téléphonique obligent dorénavant de toujours ajouter le 05.90 devant tous les numéros de téléphone de la zone française (Saint-Martin et Saint-Barth), qu'on appelle à l'intérieur ou de l'extérieur de cette zone.

Pour téléphoner de Saint-Martin
à Sint-Maarten : 00 + 599-5 + le numéro à 5 chiffres du correspondant
à Saint-Barth et en France métropolitaine : le numéro à 10 chiffres du correspondant
en Belgique : 00 + 32 + numéro du correspondant
au Canada et aux États-Unis : 001 + indicatif régional + numéro du correspondant
en Suisse : 00 + 41 + numéro du correspondant

Pour téléphoner de Sint-Maarten
à Saint-Martin, à Saint-Barth et en France : 00 + 5.90 + les 6 derniers chiffres du numéro du correspondant
au Canada et aux États-Unis : 001 + indicatif régional + numéro du correspondant

Pour téléphoner de Saint-Barth
à Saint-Martin et en France métropolitaine : le numéro à 10 chiffres du correspondant
à Sint-Maarten : 00 + 599-5 + le numéro à 5 chiffres du correspondant
au Canada et aux États-Unis : 001 + indicatif régional + numéro du correspondant
en Belgique : 00 + 32 + numéro du correspondant
en Suisse : 00 + 41 + numéro du correspondant

Pour téléphoner de France
à Saint-Martin et à Saint-Barth : le numéro à 10 chiffres du correspondant

Pour téléphoner de Belgique
à Saint-Martin et à Saint-Barth : 00 + 33 + numéro du correspondant
à Sint-Maarten : 00 + 5995 + numéro du correspondant

Pour téléphoner du Canada
à Saint-Martin et à Saint-Barth : 011 + le numéro à 10 chiffres du correspondant en omettant le premier 0
à Sint-Maarten : 011 + 5995 + le numéro à 5 chiffres du correspondant

Pour téléphoner de Suisse
à Saint-Martin et à Saint-Barth : 00 + 41 + le numéro du correspondant
à Sint-Maarten : 00 + 5995 + numéro du correspondant

Vous pouvez bénéficier de réductions substantielles en téléphonant à certaines heures.

De la France, il est plus économique de téléphoner entre 23h30 et 8h, le samedi à partir de 15h30 et le dimanche toute la journée.

Quelques numéros de téléphone utiles en cas d'urgence

Saint-Martin	Ambulance : ☎05.90.87.74.14 Hôpital : ☎05.90.87.50.07 Police : ☎05.90.87.50.04
Sint-Maarten	Ambulance : ☎13-011 Hôpital : ☎31-111 Police : ☎22-222
Saint-Barth	Urgence : ☎05.90.27.66.13 (ambulance ou pompiers) Police : ☎05.90.27.66.66

Du Canada, vous profiterez d'une réduction si vous appelez entre 23h et 7h en semaine et toute la journée le dimanche.

De Belgique, les tarifs préférentiels ont cours le dimanche toute la journée ainsi que tous les autres jours de la semaine de 20h à 8h.

Les bureaux de poste disposent de télécopieurs et de télégraphes.

HÉBERGEMENT

Les hôtels luxueux et confortables sont nombreux à Saint-Martin et à Saint-Barthélemy, et présents dans toutes les parties de ces îles. Se loger à bas prix peut par contre constituer une entreprise difficile : l'Association des Gîtes de France n'y a aucun membre, et l'on compte peu d'hôtels «petit budget».

Dans les trois destinations de ce guide, nous avons sélectionné les lieux d'hébergement qui nous semblaient les plus intéressants en tenant compte de toutes les catégories de prix, de la situation géographique et des avantages de chacun. Les prix indiqués sont ceux qui avaient cours au moment de mettre sous presse; ils s'appliquent à une chambre standard pour deux personnes en haute saison. Ils sont, bien sûr, sujets à changement en tout temps. Pour Saint-Martin et Sint-Maarten, il faut ajouter une **taxe de 5%** aux prix des chambres mentionnés dans ce guide. Saint-Barthélemy, nous le rappelons, est un territoire exempt de taxes.

Le «temps partagé»

En vous baladant sur l'île de Saint-Martin, tout particulièrement du côté néerlandais, vous remarquerez sans doute la présence de plusieurs sites qui ressemblent à des complexes hôteliers, mais qui se disent «club privé». Pourtant, lors d'une simple escapade à Marigot ou à Philipsburg, vous vous serez fait inviter, plus d'une fois, à visiter l'un de ces clubs. Il s'agit en fait d'une formule d'hébergement qui se prétend novatrice : le «temps-partagé» ou *time sharing*. Si vous acceptez de les visiter, vous aurez en fait droit à une séance de vente, quelquefois sous pression, au cours de laquelle on vous proposera non pas l'achat d'un appartement, mais bien l'achat d'un séjour d'une semaine par année dans l'un de ces appartements. On aime ou on n'aime pas ce genre de forfait, toujours est-il que ces complexes sont légion dans l'île. Si vous n'êtes pas intéressé, refusez toute invitation ou participation à quelque concours vous donnant droit à vous y rendre. Sachez cependant qu'il est parfois possible de louer l'un de ces appartements sans être membre; il faut alors se renseigner.

RESTAURANTS

L'île de Saint-Martin est fort bien pourvue, particulièrement du côté français, en restaurants en tout genre. Des petits bistros français aux restaurants proposant soit une cuisine française raffinée, soit des mets créoles, soit une cuisine exotique, sans oublier les petits comptoirs des plages se spécialisant dans les fruits de mer ou le poisson grillé, il y a des établissements pour tous les goûts.

Saint-Barthélemy, de son côté, compte plusieurs excellents restaurants gastronomiques, des bistros sympathiques préparant des mets français ou créoles ainsi que des cafés servant des sandwichs et des glaces. Dans les deux îles, vous n'aurez, par conséquent, aucun souci à vous faire en ce qui a trait à votre estomac.

Afin de répondre aux attentes de chacun des lecteurs, nous avons cherché à offrir une sélection de restaurants à la portée de toutes les bourses. Pour chaque établissement indiqué dans ce guide, vous trouverez l'adresse et le numéro de téléphone correspondant.

LES JOURS FÉRIÉS

Durant les jours fériés, certains visiteurs pourront se retrouver bien dépourvus, car alors toutes les banques et plusieurs commerces ferment. Il est donc utile de prévoir à l'avance ces journées, et de changer son argent et d'acheter ses souvenirs

1er janvier (F et H)	Jour de l'An
Variable (F)	Mardi gras
Variable (F et H)	Mercredi des Cendres
Variable (F et H)	Dimanche et lundi de Pâques
30 avril (H)	Anniversaire de la reine
1er mai (F et H)	Fête du Travail
8 mai (F)	Armistice de 1945
Variable (F et H)	Ascension
27 mai (F)	Fête de l'abolition de l'esclavage
Variable (F)	Pentecôte
14 juillet (F)	Fête nationale
21 juillet (F)	Fête de Victor Schœlcher
15 août (F)	L'Assomption
24 août (F - Saint-Barth)	Fête de Saint-Barthélemy
1er novembre (F)	La Toussaint
11 novembre (F)	Armistice 1918
11 novembre (H)	Fête de Sint-Maarten
25 décembre (F et H)	Noël

la veille. Pour faciliter la lecture du calendrier, nous avons ajouté les lettres *F*, quand les dates concernent Saint-Barthélemy et la partie française de Saint-Martin, et *H*, quand elles s'appliquent à la zone hollandaise.

CALENDRIER DES ÉVÉNEMENTS

Au cours de l'année, diverses fêtes sont l'occasion de défilés, de danses, de musiques et de jeux de toutes sortes. Voici un calendrier de quelques-unes de ces activités.

- Durant une semaine en janvier a lieu le Festival international de musique de Saint-Barthélemy, qui existe depuis une dizaine d'années.

- Le Carnaval est célébré dans les deux parties de l'île, mais à des moments différents. Vous aurez ainsi peut-être la chance de vous amuser deux fois.

- À Saint-Martin et à Saint-Barth, le Carnaval commence quelques jours avant le Mardi gras et se termine le mercredi des Cendres; ce dernier jour, l'effigie du Carnaval est brûlée.

- À Sint-Maarten, le Carnaval a lieu durant les deux dernières semaines d'avril. Parmi les activités au programme, mentionnons l'élection de la reine du Carnaval et du roi Calypso.

- En mars se déroulent, à Sint-Maarten, les régates Heineken; la mer se colore alors de voiliers venus participer à la course.

- Le 14 juillet, la Fête nationale française est l'occasion de défilés, de compétitions sportives et de feux d'artifice, tant à Saint-Martin qu'à Saint-Barth.

- Le 21 juillet, des festivités soulignent, à Grand Case, le jour de Schœlcher, qui mena à bien la libération des esclaves.

- La fête de saint Barthélemy a lieu le 24 août et constitue une autre bonne occasion de fêter et d'organiser des régates, des jeux et des concours. Le lendemain, le 25 août, on fête saint Louis à Corossol.

• Le 11 novembre, des célébrations soulignent, partout dans l'île, le jour anniversaire de saint Martin.

DIVERS

Électricité

Tout comme en Europe, les prises électriques fonctionnent à une tension de 220 volts (50 cycles). Bien que la tension soit parfois de 110 volts, les Canadiens désirant utiliser leurs appareils électriques devront donc se munir d'un adaptateur et d'un convertisseur de tension.

Femme voyageant seule

Les femmes voyageant seules n'ont aucun souci à se faire : la vie dans ces îles de soleil est bien tranquille et les agressions sont peu fréquentes. Bien sûr, un minimum de prudence s'impose.

Décalage horaire

En hiver, les Québécois se rendant dans ces deux îles devront avancer leur montre d'une heure. En été, le Québec continental et les petites Antilles sont à la même heure. Les Européens de l'Ouest devront, pour leur part, reculer leur montre de cinq heures en hiver et de six heures en été.

Unités de poids et mesures

Le système officiellement en vigueur est le système métrique.

1 livre = 454 grammes;
1 pied = 30 centimètres;
1 mille = 1,6 kilomètre.

PLEIN AIR

Que vous rêviez de filer sur les flots, de découvrir des trésors sous-marins ou de profiter de la plage tout en étant assis à l'ombre d'un parasol, les îles de Saint-Martin et de Saint-Barth ont de quoi combler vos moindres attentes. Et si les plages de la première comptent parmi les plus belles des Petites Antilles, la seconde vous remplira d'aise par ses jolies anses moins fréquentées. Quelle que soit l'activité à laquelle vous voulez vous adonner, une bonne préparation vous sera certes fort utile pour en bénéficier au maximum. Le présent chapitre a pour but de vous y aider.

BAIGNADE

La mer... Que de bienfaits peut-elle réserver aux personnes sachant en profiter : des eaux cristallines, rafraîchissantes, des vagues parfaites pour les amateurs de sports nautiques, tout pour plaire aux vacanciers. Il ne faut toutefois pas oublier qu'à bien la connaître on en profite mieux. Il est bon de savoir que les plages situées sur la «côte-sous-le-vent» (mer des Caraïbes) sont moins exposées au vent soufflant de l'océan (comme le laisse supposer le nom), et les eaux y sont généralement calmes; elles sont parfaites pour la baignade en famille. Les plages se trouvant sur la «côte-au-vent» (océan Atlantique) sont plus agitées et plairont plutôt aux amateurs de belles vagues.

Tant à Saint-Martin qu'à Saint-Barth, aucune plage ne peut être privée, aussi pourrez-vous vous baigner partout. Cependant, l'accès à certaines d'entre elles est parfois rendu difficile par la présence de grands complexes hôteliers qui sont construits tout près ainsi que de gardes postés à l'entrée. Si vous désirez aller sur une de ces plages, rien ne vous en empêche; sachez cependant que les installations qui s'y trouvent sont généralement mises à la disposition des vacanciers logeant dans ces établissements et qu'il pourra vous être interdit d'en profiter : limitez-vous alors à la plage.

PLONGÉE SOUS-MARINE

Plusieurs centres de plongée offrent aux visiteurs l'occasion d'explorer les fonds marins au large des côtes de Saint-Martin ou de Saint-Barth. Les personnes possédant leur permis de plongée pourront s'en donner à cœur joie et découvrir les secrets des côtes de ces îles. Les autres peuvent aussi descendre sous l'eau, mais doivent le faire accompagnées d'un guide qualifié qui supervisera la descente (à un maximum de 5 m). Les risques sont minimes; cependant, il est fortement recommandé de bien s'assurer de la qualité de la supervision. Il est fort important, avant de descendre pour la première fois, d'avoir au moins suivi un cours visant à donner les principes de sécurité de base : comment rétablir la pression dans ses sinus, vider l'eau de son masque, prendre en considération la pression marine, être à l'aise sous l'eau et savoir utiliser l'équipement de plongée. Plusieurs centres proposent ainsi une courte formation d'environ une heure avant d'amener les visiteurs sous les flots. Vous pourrez aisément louer du matériel de plongée dans les différents centres côtiers.

La plongée vous fera découvrir des scènes fascinantes, comme les récifs de corail, les bancs de poissons multicolores et les surprenantes plantes aquatiques. Souvenez-vous cependant que cet écosystème est fragile et mérite qu'on y prête une attention

Un écosystème fragile

Les récifs de corail se développent grâce à des organismes minuscules, les cœlentérés, sensibles à la pollution de l'eau. En effet, l'eau polluée (forte teneur en nitrates) permet aux algues de proliférer, et ces dernières, lorsqu'elles sont en trop grand nombre, envahissent les récifs et les empêchent de se développer, les étouffant littéralement. Le diadema, cet oursin noir pourvu de longues aiguilles qui vit sur les récifs (et dont les aiguilles provoquent des blessures), se nourrit d'algues et a un rôle majeur dans le contrôle de leur nombre, les poissons ne suffisant pas à la tâche. En 1983, une épidémie aurait frappé bon nombre de ces oursins peuplant les fonds marins des Caraïbes; la pollution des eaux n'ayant cessé et les algues ayant proliféré, la survie de certains récifs fut menacée. Depuis lors, des études scientifiques ont permis de comprendre l'importance des diademas pour l'équilibre écologique, et l'on a rétabli cette espèce dans certains récifs. Il demeure que ces petits oursins, bien que fort utiles, ne peuvent accomplir tout le travail. Un contrôle rigide de la pollution demeure essentiel pour sauvegarder les récifs de corail dont près de 400 000 organismes dépendent.

particulière. Pour protéger ces sites naturels, quelques règles fondamentales doivent être suivies par tout plongeur : ne rien toucher (surtout les oursins, dont les longues aiguilles pourraient vous blesser); ne pas ramasser de corail (il est beaucoup plus joli dans l'eau que hors de l'eau, car il perd alors ses couleurs); ne pas déranger les êtres vivants qui y évoluent; ne pas chasser; ne pas nourrir les poissons; faire bien attention en donnant des coups de palme pour ne rien accrocher et, bien sûr, ne pas y laisser de déchets. Si vous désirez rapporter des souvenirs de votre plongée, sachez qu'on trouve sur le marché des appareils photo jetables, utilisables sous l'eau.

PLONGÉE-TUBA

Si les fonds marins vous attirent, sans pour autant vouloir prendre part à une excursion de plongée, vous pourrez avoir une bonne idée des magnifiques scènes sous-marines en louant un équipement de plongée-tuba, qui se résume à peu de chose : un masque, un tuba et des palmes. Accessible à tous, elle est une bonne façon de prendre conscience de la richesse et de la beauté des fonds marins. Vous pourrez vous adonner à cette activité autour des barrières de corail, peuplées de diverses espèces marines et situées non loin des plages. La plupart des centres de plongée organisent également des sorties pour les amateurs de plongée-tuba.

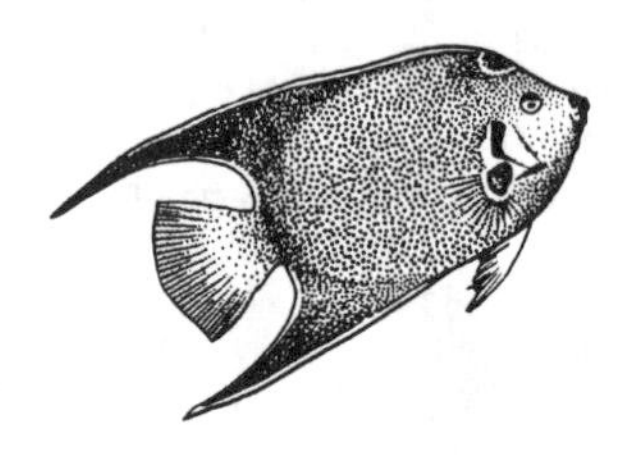

Poisson-ange

PARAVOILE

Une autre façon plutôt inusitée de profiter de l'étendue infinie de l'océan est de le contempler des airs en paravoile. Solidement attaché à votre parachute et relié à un puissant hors-bord, vous vous envolerez dans les airs en l'espace de quelques secondes. Vous pourrez alors, suspendu entre ciel et mer, contempler des paysages magnifiques pendant une dizaine de minutes. Pour amateur de sensations fortes! De telles excursions sont proposées à Saint-Martin, notamment au-dessus de la baie Orientale.

PLANCHE À VOILE

Plusieurs plages de ces deux îles sont caressées par des flots très calmes, ce qui ne sera pas pour plaire aux véliplanchistes chevronnés. Hormis la plage de la baie de l'Embouchure, il existe en fait peu d'endroits réputés pour la planche à voile autour de Saint-Martin et de Saint-Barth. Les personnes moins expérimentées pourront tout de même s'amuser tout en pratiquant ce sport, sans risquer de perdre le contrôle.

PÊCHE EN HAUTE MER

Vous pourrez prendre part à des excursions de pêche au gros qui offrent, en plus de l'expérience inoubliable de pêcher en haute mer, l'occasion d'une agréable balade. Ces excursions durent en moyenne une demi-journée. À bord, l'équipement et les conseils sont fournis.

MOTOMARINE (*JET SKI*)

Les motomarines, ces bolides qui filent sur les eaux, font le plaisir de nombreux visiteurs. On apprend relativement vite à les conduire, et ils offrent des moments sans pareils. Cependant, un minimum de prudence est toujours de mise afin d'éviter tout accident. Ainsi, si vous voguez à toute allure, respectez les autres embarcations qui vont moins vite et sont moins facilement contrôlables (planche à voile, pédalo), ainsi que les nageurs et les plongeurs. On ne voit pas toujours aisément ces derniers, mais le bateau les accompagnant est toujours surmonté d'un pavillon rouge traversé d'une ligne blanche lorsqu'il y a des plongeurs sous l'eau. En aucun temps, lorsque vous apercevez ce pavillon, vous ne devez approcher de l'embarcation.

RANDONNÉE PÉDESTRE

Bien que les deux îles soient petites, et qu'elles ne possèdent pas de grand parc national, vous pourrez envisager partir à pied, à travers les coteaux de Saint-Barth (un seul sentier existe, soit dans la région de Colombier), ou en vue de gravir les 400 m du pic Paradis à Saint-Martin. Ces excursions pédestres réservent de belles surprises au promeneur, mais nécessitent un tant soi peu de préparation afin d'éviter les multiples petits ennuis qui guettent le randonneur sous les intenses rayons solaires des tropiques. En outre, bien que les distances soient courtes, il est sage de toujours connaître la longueur et le niveau de difficulté du sentier que vous envisagez de parcourir, et de demeurer sur le sentier tout le long de votre randonnée.

Les insolations

Certaines pistes comportant de longues sections à découvert, les risques d'insolation sont importants et guettent tout marcheur. Crampes, chair de poule, nausées et manque d'équilibre constituent les premiers symptômes d'une insolation. Dans une telle situation, la personne souffrante devrait être rapidement mise à l'ombre, réhydratée et ventilée. Afin d'éviter ces embarras, veillez à toujours porter un chapeau et munissez-vous d'une bonne crème solaire. En partant tôt le matin, vous aurez le temps de faire la randonnée de jour tout en profitant d'une température plus fraîche.

L'habillement

La règle générale à suivre consiste à porter des vêtements légers de couleurs claires et à favoriser le port de chaussures épaisses, à la fois légères et solides (mettez des chaussettes). Un imperméable, pour vous garder au sec en cas de pluie, et un chapeau, pour vous protéger des rayons du soleil, devraient compléter votre équipement.

Quoi apporter?

Pour toute randonnée, votre sac à dos devrait contenir un canif, un antiseptique, des pansements, du sparadrap, des ciseaux, de l'aspirine, de la crème solaire, un insectifuge et, surtout, l'eau et la nourriture nécessaires à la durée de votre expédition.

VÉLO

Les routes de Saint-Martin et de Saint-Barthélemy, peu ombragées et souvent escarpées, ne sont pas idéales pour les personnes aimant les balades paisibles à vélo. Cependant, il existe plusieurs chemins menant aux plages des îles, et certains pourront apprécier ce moyen de transport, d'autant plus que les distances sont souvent assez courtes. Si vous désirez opter pour ce moyen de locomotion, sachez que plusieurs entreprises en louent (voir p 57).

ÉQUITATION

L'équitation plaira aux âmes romantiques qui rêvent de longues balades au bord de la mer ou à travers champs. Quelques entreprises, tant à Saint-Martin qu'à Saint-Barth, proposent ce type d'excursions, que vous pourrez faire sur le dos d'une bête en bonne santé.

GOLF

Un seul terrain de golf a été aménagé sur l'île de Saint-Martin, à Mullet Bay. Malheureusement, tous les bâtiments qui l'entouraient, notamment ceux de l'hôtel Mullet Bay Casino and Resort, ont été gravement abîmés lors de l'ouragan Luis en 1995. Maintenant entretenu, il est rouvert aux golfeurs, mais a tout de même un peu triste allure. Les bâtiments devraient être rénovés, mais aucune date n'a encore été fixée. Il n'existe aucun terrain de golf à Saint-Barth.

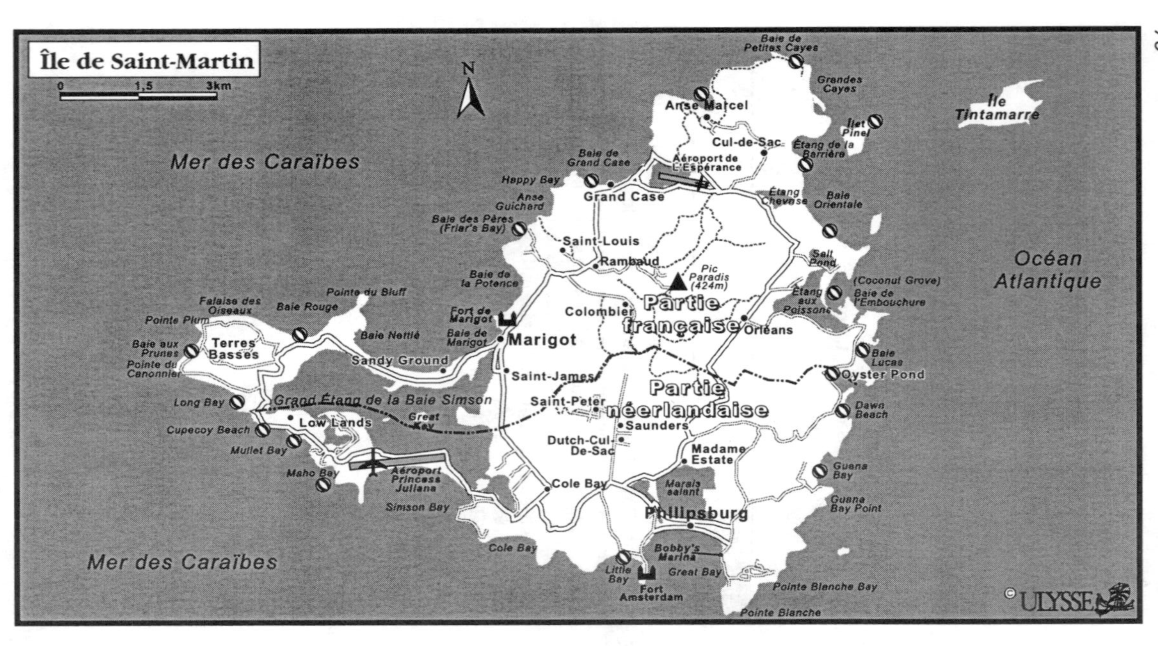
Île de Saint-Martin
0
1,5
3km
N
Mer des Caraïbes
Mer des Caraïbes
Océan Atlantique
Île Tintamarre
Baie de Petites Cayes
Grandes Cayes
Anse Marcel
Îlet Pinel
Cul-de-Sac
Étang de la Barrière
Aéroport de L'Espérance
Baie de Grand Case
Happy Bay
Grand Case
Étang Chevrise
Baie Orientale
Anse Guichard
Baie des Pères (Friar's Bay)
Saint-Louis
Salt Pond
Rambaud
Pic Paradis (424m)
Baie de la Potence
(Coconut Grove)
Baie de l'Embouchure
Étang aux Poissons
Pointe du Bluff
Falaise des Oiseaux
Baie Rouge
Fort de Marigot
Colombier
Partie française
Orléans
Pointe Plum
Baie Nettlé
Baie de Marigot
Marigot
Baie aux Prunes
Terres Basses
Sandy Ground
Baie Lucas
Pointe du Canonnier
Saint-James
Oyster Pond
Long Bay
Grand Étang de la Baie Simson
Saint-Peter
Partie néerlandaise
Dawn Beach
Great Key
Cupecoy Beach
Low Lands
Saunders
Dutch-Cul-De-Sac
Madame Estate
Mullet Bay
Maho Bay
Aéroport Princess Juliana
Guana Bay
Cole Bay
Marais salant
Simson Bay
Guana Bay Point
Philipsburg
Cole Bay
Bobby's Marina
Little Bay
Great Bay
Fort Amsterdam
Pointe Blanche Bay
Pointe Blanche
© ULYSSE

SAINT-MARTIN
PARTIE FRANÇAISE

Sur les quelque 55 km² du territoire français de Saint-Martin, une ville élégante s'est développée, Marigot, qui ne compte plus ses terrasses en bordure de mer et ses luxueuses boutiques. Il s'y trouve également quelques bourgs mignons et authentiques, tel Grand Case, qui sont parvenues à allier vie créole et ambiance de vacances. Entre ces villes et villages, les côtes sont ponctuées de longs croissants de sable blond, magnifiques lieux de détente pour goûter les chauds rayons du soleil et pour s'adonner à une foule de sports nautiques.

POUR S'Y RETROUVER SANS MAL

En voiture

Une seule route principale, en très bon état, traverse toute la portion française de l'île. De Marigot, elle se rend en direction est jusqu'à la baie Orientale, en passant par Grand Case. En direction ouest, la même route traverse Terres Basses et va jusqu'à la portion néerlandaise de Saint-Martin. En empruntant cette route, vous atteindrez aisément l'aéroport de Grand Case, à l'est, ou l'aéroport Princess Juliana, à l'ouest.

Il existe également un tronçon de route reliant Marigot et Philipsburg en passant par l'intérieur des terres. Pour emprunter cette route du centre-ville de Marigot, il faut suivre la rue de Hollande jusqu'à l'embranchement avec la route principale menant vers Philipsburg.

Quelques routes secondaires, revêtues pour la plupart, desservent des villages et des plages isolés tels que l'Anse Marcel et Friar's Bay.

La signalisation routière est claire et précise.

Location de voitures

Aéroport de L'Espérance

Avis : ☎05.90.87.50.60
Hertz : ☎05.90.87.73.01
Sanaco Car Rental : ☎05.90.87.14.93

Marigot

Avis : ☎05.90.87.50.60, www.avis.com
Europcar : ☎05.90.27.32.80
Hertz : ☎05.90.87.40.68, ⇒05.90.87.75.47
National Rent a car : ☎05.90.27.32.80, ⇒05.90.87.55.23
Island Trans Rent a car : ☎05.90.87.91.32, ⇒05.90.87.70.87

Baie Nettlé

Budget : ☎05.90.87.21.91
Hertz : ☎05.90.87.33.71

Gare routière

Marigot : angle des rues Président Kennedy et de Hollande.

Grand Case : vous pouvez prendre un car allant à Marigot sur la rue principale du centre-ville ou directement sur la route principale, à l'entrée de la ville.

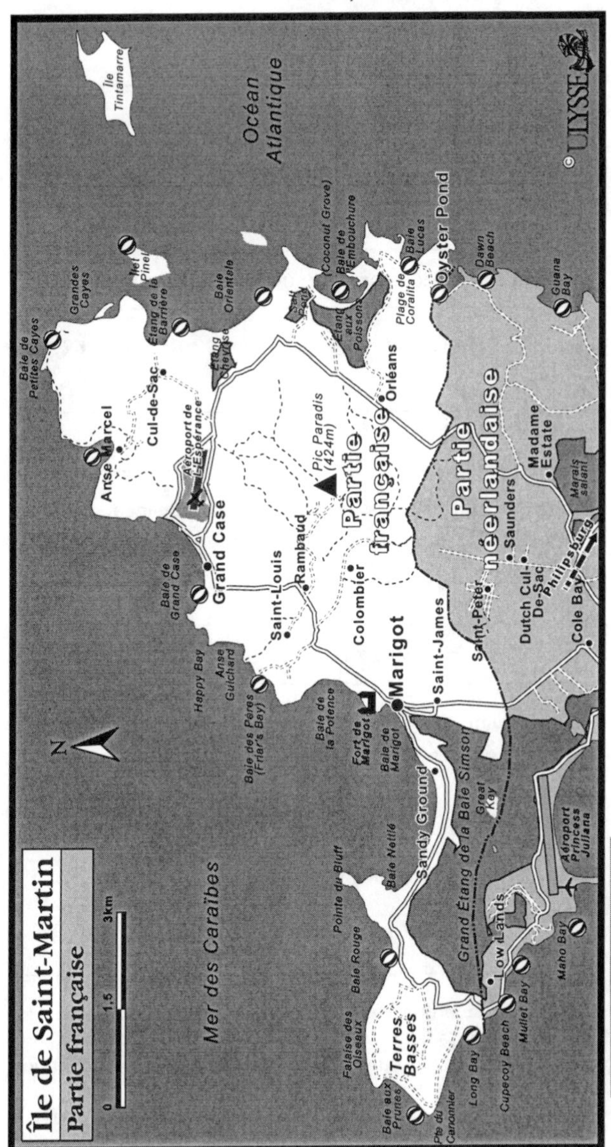
Île de Saint-Martin
Partie française
0
1,5
3km
N
Mer des Caraïbes
Océan Atlantique
Île Tintamarre
© ULYSSE
Baie de Petites Cayes
Grandes Cayes
Ilet Pinel
Étang de la Barrière
Baie Orientale
Étang Chevrise
Salt Pond
Coconut Grove)
Baie de l'Embouchure
Étang aux Poissons
Baie Lucas
Plage de Coralita
Oyster Pond
Dawn Beach
Guana Bay
Anse Marcel
Cul-de-Sac
Aéroport de L'Espérance
Grand Case
Baie de Grand Case
Pic Paradis (424m)
Orléans
Partie française
Partie néerlandaise
Madame Estate
Marais salant
Saunders
Rambaud
Saint-Louis
Colombier
Dutch Cul-De-Sac
Philipsburg
Saint-Peter
Cole Bay
Happy Bay
Anse Guichard
Baie des Pères (Friar's Bay)
Baie de la Potence
Marigot
Saint-James
Fort de Marigot
Baie de Marigot
Sandy Ground
Baie Simson
Great Key
Aéroport Princess Juliana
Grand Étang de la Baie Simson
Baie Nettlé
Pointe du Bluff
Baie Rouge
Low Lands
Maho Bay
Mullet Bay
Cupecoy Beach
Long Bay
Falaise des Oiseaux
Terres Basses
Baie aux Prunes
Pte du Canonnier

SAINT-MARTIN

Taxi

☎05.90.87.56.54.

RENSEIGNEMENTS PRATIQUES

Bureau de renseignements touristiques

Port de Marigot, 97150 Marigot, ☎05.90.87.57.23, ⇄05.90.87.56.43.

Banques

Banque des Antilles Françaises, rue de la République, Marigot, ☎05.90.05.90.29.13.30.

Banque Commerciale Française, ☎05.90.05.90.87.53.80.

Bureaux de change

Change Point : rue du Président Kennedy, Marigot, ☎05.90.87.24.85.

Inter Change : rue du Général de Gaulle, Marigot, ☎05.90.87.73.41.

Change Plus : 15, rue de la Mairie, ☎05.90.87.71.30.

Bureau de poste

Saint-Martin compte des bureaux de poste notamment à Marigot, Grand Case et à la baie Nettlé. Si vous ne désirez pas vous y rendre, sachez que certains hôtels offrent également un service de courrier.

Lun-ven 7h30 à 16h, sam 7h30 à 11h30.
Rue de la Liberté, Marigot, ☎05.90.87.53.17.
Grand Case, boulevard Laurence, ☎05.90.87.05.96.

Santé

Hôpital

Hôpital de Marigot : ☎05.90. 29.57.57

Ambulance

Jour : ☎05.90.87.86.25

Nuit : ☎05.90.87.72.00

Pharmacies

Pharmacie du Port, rue de la Liberté, Marigot, ☎05.90.87.50.79.

Pharmacie La Lagune, résidence La Lagune, Baie Nettlé, ☎05.90.87.20.00.

Pharmacie de Grand Case, route de la Déviation, Grand Case, ☎05.90.87.77.46.

ATTRAITS ET PLAGES

Les villes et villages de Saint-Martin ont certes de quoi retenir l'attention, et nous vous proposons une visite des plus beaux d'entre eux et de leurs attraits. Mais cette île antillaise plaît avant tout pour ses plages, longs croissants dorés et bordés d'azur, qui se répartissent tout le long de la côte. Au départ de Marigot, nous vous proposons une balade à travers cette terre française, ses villages et ses trésors naturels.

Marigot

Marigot ★★, principale ville de Saint-Martin, est située du côté nord de l'île, en un point qui fut l'un des premiers colonisés, car il se trouve au bord d'une grande baie (baie de Marigot) abritée des vents violents, parfaite pour le mouillage des bateaux. Le site, bien qu'alors avantageux pour la navigation, posait toutefois de nombreux problèmes aux colons, car la baie de Marigot n'avait pas de grève de sable comme c'est le cas de nos jours. Elle était plutôt bordée de mangroves et de marais, qui sont d'ailleurs à l'origine de son nom. Une végétation bien encombrante pour les colons qui ne pouvaient ni cultiver cette zone ni y pénétrer; aussi, afin d'accéder facilement aux eaux de la baie, se virent-ils contraints de l'éliminer.

Mais la nature n'était pas le seul souci des colons français de Marigot, car le bourg fut, dès les premiers temps, l'objet de plusieurs attaques anglaises et, pour protéger la colonie, les autorités françaises envisagèrent dès 1666 d'y construire un fort. Il fallut cependant attendre jusqu'en 1767 pour que la construction du **fort Saint-Louis ★★** *(entrée libre; on y accède en suivant la rue de l'Église)* soit entreprise. Le projet est alors conçu par le chevalier Descoudrelles, qui cherche à tirer parti des collines entourant la baie; le fort est érigé au sommet de l'une d'entre elles, haute d'environ 60 m, d'un point d'où l'on peut fort bien observer la baie. Sa construction est terminée en 1789 par le successeur de Descoudrelles, le chevalier de Durat. Quelques années plus tard, en 1794, bien que ce fort soit un bel ouvrage en pierre stratégiquement situé, les troupes anglaises le conquièrent; il demeure en leur possession jusqu'à la libération de l'île, quelques années plus tard, par Victor Hugues. Après le traité de Vienne de 1815, les attaques anglaises cessant, le fort est peu à peu délaissé. Aujourd'hui, ses ruines dominent toujours la ville, et l'on peut s'y rendre pour les visiter et pour profiter de la superbe **vue ★** que l'on a de ce point.

On distingue une partie basse et une partie haute à Marigot. La ville basse s'est développée autour du fort et, au gré de vos balades sur les flancs de la colline, vous pourrez admirer les jolies cases créoles et les belles demeures coloniales à balcons ouvragés qui s'y dressent encore. La ville a pris peu à peu de

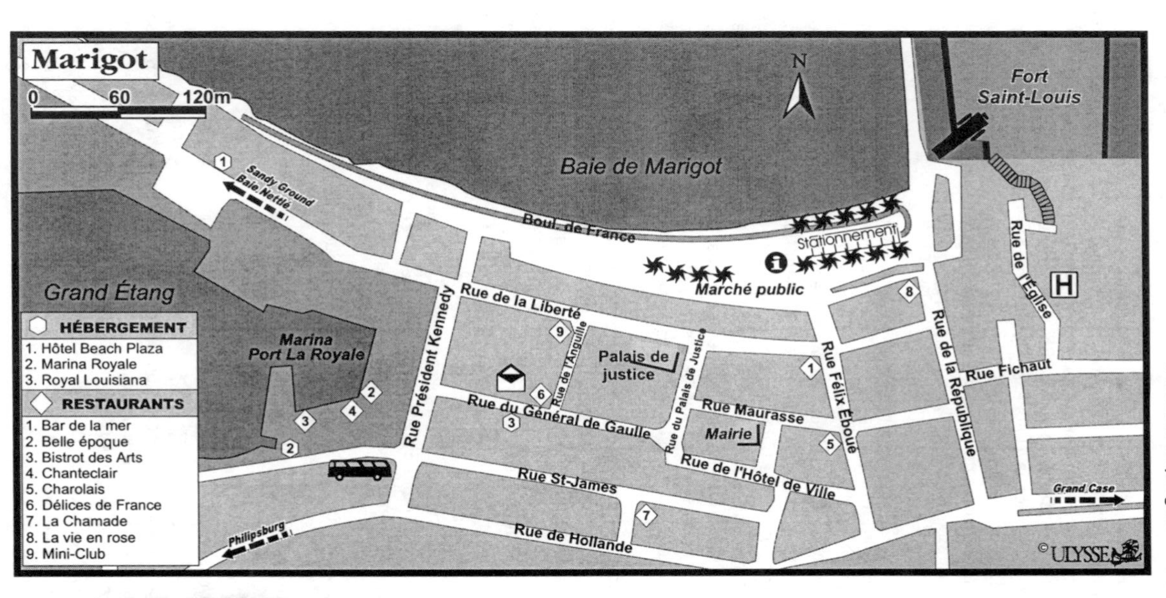
Marigot
0
60
120m
N
Baie de Marigot
Fort Saint-Louis
Grand Étang
Marina Port La Royale
Boul. de France
Stationnement
Marché public
Rue de l'Église
Rue Fichaut
Rue de la République
Rue Félix Éboué
Rue Maurasse
Mairie
Rue de l'Hôtel de Ville
Rue du Palais de Justice
Palais de justice
Rue de l'Anguille
Rue de la Liberté
Rue du Général de Gaulle
Rue St-James
Rue de Hollande
Rue Président Kennedy
Grand Case
Philipsburg
Sandy Ground
Baie Nettlé
© ULYSSE
HÉBERGEMENT
1. Hôtel Beach Plaza
2. Marina Royale
3. Royal Louisiana
RESTAURANTS
1. Bar de la mer
2. Belle époque
3. Bistrot des Arts
4. Chanteclair
5. Charolais
6. Délices de France
7. La Chamade
8. La vie en rose
9. Mini-Club

SAINT-MARTIN

l'expansion et de nouveaux quartiers ont vu le jour, d'abord à l'est du fort (construction d'un lycée), puis aux abords de la mer, dans un secteur où jadis s'étendait un marais insalubre que l'on remblaya vers 1965. Aujourd'hui, vous y verrez la belle marina Port la Royale et des bâtiments d'allure moderne qui abritent entre autres boutiques et restaurants. Ici, il est possible de prendre une bouchée tout en observant le va-et-vient des bateaux dont les jolis coloris égayent l'horizon.

Entre le fort et la marina Port la Royale, se trouve le centre-ville de Marigot, qui occupe l'espace entre la rue du Général de Gaulle et les abords de la baie de Marigot. C'est là qu'est concentré l'essentiel des boutiques et des restaurants, et vous serez à coup sûr séduit par l'animation tranquille qui règne partout. Votre balade à travers les rues du centre devrait vous mener jusqu'au bord de la baie, où vous pourrez rester des heures à contempler le spectacle des flots miroitants tout en étant assis sur un des bancs du parc ou à une table d'une des invitantes terrasses judicieusement installées en ce point.

Une grande place se trouve également sur ce front de mer, et tous les mercredis et samedis matin a lieu le **marché public ★**. La place se couvre alors d'étals où sont proposés les produits les plus variés : des épices et des fruits exotiques aux mille et une odeurs, des vêtements de coton, des bijoux de toutes sortes et une foule de pièces d'artisanat créole. Il faut prendre le temps d'y fouiner un peu car, parmi ces marchandises présentées pêle-mêle, se trouvent certainement quelques objets qui vous plairont. Plaisir pour les yeux, ce marché ravira même les personnes ne désirant rien acheter.

La ville haute s'étend sur le versant ouest de la colline Marigot. Vous y trouverez le quartier résidentiel Saint-James, en retrait du reste de la ville et isolé par sa dense végétation.

Pour sortir de Marigot, empruntez la rue de la Liberté, qui devient la route principale de l'île.

Un musée a ouvert ses portes à côté de Marigot : **Sur les traces des Arawaks ★★** *(5$US; 9h à 12h et 15h à 19h, fermé dim; ☎05.90.29.22.84)*. Il retrace l'histoire des tout premiers habitants de l'île, les peuplades indigènes de langue arawak, qui arrivèrent ici il y a plus de 3 500 ans. Plusieurs pièces, notamment des outils de coquillage, des pièces de céramique et des bijoux de nacre, retrouvés lors des fouilles archéologiques faites dans l'île, sont exposées. Chaque objet est accompagné d'une foule de renseignements sur ces Amérindiens, ce qui permet de mieux comprendre leur mode de vie et leurs croyances. Rares sont les musées dans le monde dédiés aux Arawaks, ces autochtones dont la société fut détruite avec l'arrivée des premiers colons européens, et il s'agit sans nul doute d'une belle occasion de s'instruire sur eux. Une seconde salle du musée présente la vie des Saint-Martinois au début du siècle, et vous pourrez vous amuser à imaginer la vie dans l'île à cette époque, une foule de clichés noir et blanc illustrant des scènes quotidiennes d'alors. Ces photos sont d'autant plus intéressantes qu'elles sont souvent jumelées à une autre photo présentant la même scène aujourd'hui.

Terres Basses

En quittant Marigot vers l'ouest, vous arriverez à **Sandy Ground**, qui est en fait un prolongement de cette ville. Quelques maisons et des restaurants composent l'essentiel de ce hameau, qui est la porte d'entrée de Terres Basses, cette longue et étroite bande de terre en forme de boucle menant au côté hollandais de l'île. Sur Terres Basses, qui comprend une rive donnant sur la mer des Caraïbes et une autre sur le Grand Étang de la baie Simson, plusieurs complexes touristiques ont été construits, notamment autour de la **baie Nettlé**, au bord de fort belles **plages** ★. C'est ici que l'on retrouve quelques-uns des plus beaux complexes hôteliers de la portion française de l'île (voir p 100). Chacun comprend des bâtiments confortables abritant chambres et restaurants. Dans ces établissements isolés les uns des autres, il règne une animation plus paisible qu'au village de Mullet Bay.

Hormis ces sites touristiques, cette portion de l'île est très peu peuplée, mais on y aperçoit tout de même ici et là quelques superbes demeures isolées, érigées sur les collines pour mieux profiter de la superbe vue sur les eaux cristallines de la mer. On ne peut contempler ces maisons que de loin, aussi se rend-on à Terres Basses surtout pour profiter de l'une des plages qui s'y trouvent, parmi les plus belies de l'île.

La première que vous croiserez après avoir traversé la région de la baie Nettlé est la plage de la **baie Rouge ★★**. Vous y accéderez par une courte route de terre qui débouche sur un stationnement où se garent les voitures, les motos et les minibus des tours organisés par les hôteliers (elle est très fréquentée). Un sentier de quelques mètres vous sépare alors de la plage. En le suivant, vous arriverez au bord de la mer et découvrirez une belle plage de sable fin, bordée de falaises abruptes au sommet desquelles vous verrez quelques-unes des riches demeures saint-martinoises. L'endroit est des plus agréables pour profiter des chauds rayons du soleil. Malheureusement, des roches glissantes viennent encombrer les rives par endroits, et les baigneurs doivent les franchir avec prudence. En outre, il est fréquent que les vagues y soient fortes. Un petit comptoir de rafraîchissements et des tables de pique-nique sont à la disposition des visiteurs.

La plage de la **baie aux Prunes ★** se trouve à 2 km de là. Soyez bien attentif car un simple panneau indiquant «baignade non surveillée» permet de trouver le sentier menant à la plage. Bordée de raisiniers poussant anarchiquement, cette plage encore sauvage offre un charme bien à elle. Cependant, si vous vous baladez un peu sur cette longue bande de sable fin et doux, vous apercevrez, cachées derrière une végétation fournie, de belles demeures. Des pierres glissantes l'encombrent également.

La plage se termine, en son extrémité nord, par l'abrupte **Falaise aux Oiseaux**, au sommet de laquelle de belles demeures dominent les flots azurés. À son extrémité sud, vous trouverez un sentier menant jusqu'à Long Bay et passant par la **Pointe du Canonnier**.

Une troisième plage s'allonge sur Terres Basses, la plage de **Long Bay ★★**, la plus longue (son nom le laisse deviner) et la plus belle des trois baies. Cette plage pourrait en quelque sorte se diviser en deux portions distinctes. La première, la plus à l'ouest, présente un aspect sauvage, tout comme la plage de la baie aux Prunes. Peu aménagée, s'égayant d'une végétation plutôt délinquante, elle est caressée par les flots invitants de la mer, qui ne sont pas toujours aisément accessibles, de grosses pierres l'encombrant aussi. L'autre portion se termine par des falaises abruptes que la mer ne parvient pas à vaincre et au sommet desquelles ont été construits les superbes bâtiments de l'hôtel La Samanna (voir p 102). Au pied de ces falaises, la plage se fait plus invitante pour les nageurs.

Autour du pic Paradis

De Marigot, si vous désirez vous rendre dans la partie est de l'île, empruntez la rue de Hollande, qui vous mènera sur la route principale.

La route qui va vers l'est longe la côte quelque temps, puis pénètre dans les terres. Environ 2 km après avoir quitté Marigot, vous croiserez un chemin de terre se faufilant entre les cases créoles et se rendant au bord de la mer, à la **baie des Pères ★** (Friar's Bay). Cette plage isolée, bordée de palmiers, est caressée par des eaux toujours calmes, et l'endroit est prisé des nageurs qui craignent les hautes vagues. Le site a également acquis ses lettres de noblesse auprès des amateurs de plongée-tuba, quelques beaux récifs coralliens s'étant développés au large. Bordée de quelques restaurants de plage, la plage attire une clientèle de jeunes vacanciers en raison de la beauté de sa plage, ainsi que par son ambiance cool.

En retournant sur la route principale, vous croiserez sur votre droite un autre chemin situé à peine une centaine de mètres après la baie des Pères. Très étroit, et grimpant dans la colline, il mène à Colombier.

Colombier

Hameau de quelques maisonnettes modestes qui semblent éparpillées çà et là, Colombier a su garder son authenticité; lorsqu'on se promène dans sa seule rue, on se sent dépaysé et loin des villages touristiques. Il demeure cependant qu'hormis son cachet antillais le bourg a peu à offrir. Il présente un intérêt indéniable pour les personnes désirant parcourir la **route des Crêtes ★**, car un petit chemin partant du village y mène. Pour y accéder, empruntez le chemin à l'entrée de la ville, et suivez-le jusqu'au bout. Vous atteindrez alors une maisonnette rose; le sentier passe derrière et se rend à St. Peters (Sint-Maarten) et au pic Paradis. Si vous partez en excursion, n'oubliez pas d'apporter l'eau nécessaire, car la promenade peut être longue et il est impossible d'acheter de l'eau le long du parcours ni au sommet du pic Paradis.

Plusieurs personnes optent pour faire l'ascension du **pic Paradis** à pied (424 m) mais, si l'excursion vous semble trop ardue, sachez que vous pouvez aussi vous y rendre en voiture. Pour cela, revenez sur vos pas et empruntez la route principale jusqu'à **Rambaud** (1 km). De là, suivez la route du village qui se faufile jusqu'au sommet. Le chemin est escarpé et cahoteux, voire quasi impraticable par endroits, mais la **vue** ★★ y est superbe et vaut bien ces difficultés. Pour profiter de la vue, prenez le sentier (qui est en fait une partie de la route des Crêtes, voir p 87) à gauche des grilles de France Télécom et suivez-le pendant une dizaine de minutes. Vous arriverez ainsi à un plateau d'où vous découvrirez de magnifiques panoramas des points de vue aménagés à cet effet. Au loin, par beau temps, vous pourrez admirer quelques-uns des îlots du chapelet antillais.

En continuant sur la route principale en direction de Grand Case, vous vous rendrez à Saint-Louis.

Saint-Louis

Faites halte à Saint-Louis, bourgade de quelques maisons seulement, située au sommet des falaises, pour jouir de la **vue spectaculaire** ★ de la côte. Ici, cependant, aucun point de vue n'est aménagé; pour contempler ce spectacle à couper le souffle, il faut vous arrêter au bord de la route.

Grand Case

Grand Case ★★ est sans doute le plus pittoresque des villages de l'île. On n'y trouve pas de somptueuses demeures, mais plutôt de coquettes cases créoles colorées qui plaisent par leur simplicité et leurs jolies couleurs. Le village, qui est essentiellement composé d'une série de ces maisonnettes de bois, s'allonge en bordure de mer, et une chouette atmosphère de vacances y règne. D'ailleurs, on vit ici au rythme de cette vaste étendue miroitante, et l'on vient nombreux pour se reposer sur son beau croissant de sable fin et contempler les bateaux qui

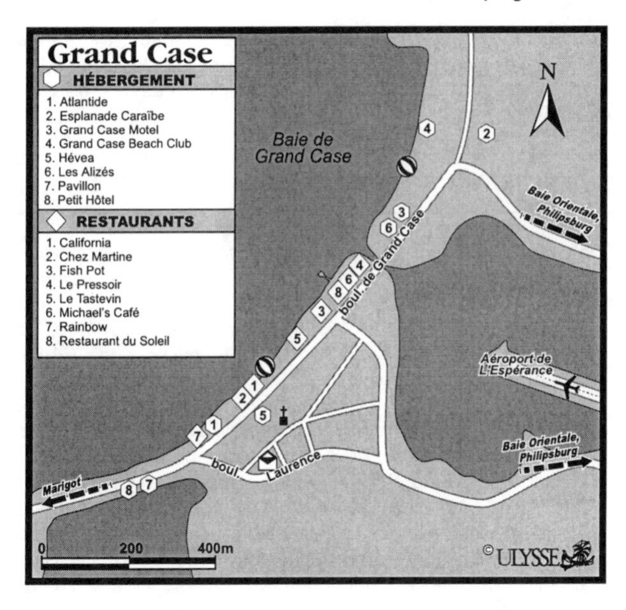

se bercent doucement sur des flots rarement agités. Il existe une autre bonne raison pour venir passer quelque temps à Grand Case, soit ses excellentes tables (voir p 113). Toutes ces qualités ont fait de ce village un endroit prisé des vacanciers.

Les charmes de Grand Case ne sont pas tous visibles à l'œil nu, certains se font plus discrets... une féerie se cache au large du village. En ce point de l'île, la mer des Caraïbes contient une multitude de coraux, de poissons multicolores et de plantes variées, véritable chef-d'œuvre marin que vous pourrez admirer en plongeant, plusieurs entreprises organisant de telles excursions (voir p 95).

Toutefois, si vous ne désirez pas plonger, tout en étant avide de contempler des scènes sous-marines, vous pouvez prendre part à une excursion avec le ***Seaworld Explorer*** ★ *(adulte 30$US/165F, enfant 18$US/100F; départ du quai à 11h, mais sujet à changement; ☎05.90.59-95-24-078)*. Il s'agit d'un bateau semi-submersible dont les sièges sont aménagés dans la cale; vous vous assoyez en quelque sorte au fond du bateau et faites la balade à 15 m sous la surface de l'eau. De grands hublots sont accessibles pour vous permettre de contempler cette fascinante nature durant la balade. L'expérience en vaut la peine.

Anse Marcel

De Grand Case, empruntez la route principale vers l'est. Vous verrez d'abord l'aéroport de L'Espérance; puis, à quelques centaines de mètres, vous croiserez une route secondaire bifurquant vers la gauche. Suivez-la jusqu'à la fourche, et empruntez le bras de route à votre gauche, qui se rend à l'Anse Marcel.

La route franchit des collines escarpées et dévoile quelques superbes **panoramas** ★. Puis, tel un trésor qu'on découvre au tournant d'une route, l'**Anse Marcel** ★ apparaît à vos pieds. Le bourg, semblant blotti au creux des collines verdoyantes, s'étend au bord de la mer, et l'ensemble ne se compose que de superbes jardins et de bâtiments hôteliers (voir p 106). Oasis de tranquillité, loin de la circulation et du bruit, le site est vraiment exceptionnel.

L'accès de ce site n'est toutefois pas aisé, car l'Anse Marcel n'est pas desservie par les autobus publics; aussi devrez-vous vous y rendre pas vos propres moyens. En outre, sans doute pour décourager les intrus, des gardes sont postés à l'entrée et surveillent les allées et venues des visiteurs.

L'Anse Marcel possède une belle **plage** ★ mais, si vous recherchez les plages isolées, parcourez le sentier pédestre qui part de l'Anse Marcel et serpente au pied des collines. Il se rend jusqu'à la belle plage de **baie des Petites Cayes**. Mis à part le bateau, il s'agit du seul moyen pour aller à cette plage.

Le sentier se prolonge et va jusqu'à **Grandes Cayes** ★. Cachée derrière les collines couvertes d'herbes et d'arbustes, cette plage composée de quelques anses est sauvage et peu fréquentée. Seuls des raisiniers encombrent son sable blond. La mer, d'un bleu turquoise, s'étend à perte de vue. On peut également s'y rendre par une route de terre qui part du French Cul-de-Sac et longe les collines jusqu'à Grandes Cayes. Si vous

Case créole

décidez de vous y rendre, apportez votre parasol car il n'y a pas d'ombre sur cette plage.

French Cul-de-Sac

Si vous désirez aller au French Cul-de-Sac, en arrivant de Grand Case par la route principale, prenez la route secondaire à votre gauche (celle qui se rend aussi à l'Anse Marcel) et suivez-la jusqu'à la fourche. N'empruntez toutefois pas le chemin allant à gauche, mais bien celui bifurquant vers la droite.

Une petite route mène à l'extrémité nord de l'île, région peu arrosée par les pluies et quasi inhabitée. Elle réserve cependant quelques belles anses paisibles. En outre, c'est de ce point, plus précisément de l'Étang de la Barrière, que les bateaux partent pour l'îlet Pinel.

L'**Étang de la Barrière** est unique du fait de ses eaux d'un vert étonnant. Malheureusement, il est quelque peu encombré d'algues et de rochers, et pourra sembler moins joli à certains. Sur ses rives se trouvent un stationnement et quelques kiosques où l'on vend divers souvenirs dont des t-shirts, des paréos et des sculptures. On s'y rendra surtout pour continuer vers l'îlet Pinel.

Au large de la baie de Cul-de-Sac, vous distinguez le profil de l'**îlet Pinel** ★ *(30F aller-retour; 7h à 17h),* ce minuscule îlot dénudé où vous pouvez vous rendre pour jouir de superbes plages de sable ainsi que de la sensation d'être sur une île déserte, loin de toute l'animation. Des bateaux-taxis font la navette pour l'îlet Pinel. Ils partent (quand ils sont pleins) du quai de l'Étang de la Barrière. Il est également possible de s'y rendre de la baie Orientale; comptez payer un peu plus.

C'est également au départ de la plage de la baie Orientale que les bateaux-taxis vous emmènent sur l'**île Tintamarre** *(10$US; tlj 7h à 17h)*, située à 2 km au large, et vous réservant de fort beaux sites de plongée (voir p 95).

Côte Atlantique

De la route principale, vous vous rendrez facilement à la baie Orientale, une signalisation précise y menant.

Baie Orientale ★★★

S'il est une image que vous chérirez jalousement, c'est bien celle que vous garderez de la baie Orientale : long ruban de sable fin qui se déroule à perte de vue et qui est bordé par les flots miroitants de l'océan Atlantique. Cette plage, sans conteste la plus belle de l'île, est perpétuellement envahie par les visiteurs venus s'adonner à quelque sport nautique ou aux plaisirs d'une baignade délicieusement rafraîchissante, ou tout simplement venus se laisser caresser la peau par les chauds rayons du soleil (les personnes prudentes pourront profiter d'un parasol). Afin de répondre à leurs moindres désirs, des commerçants s'y sont également installés, proposant des marchandises de toutes sortes, entre autres des souvenirs divers, de l'équipement sportif, des boissons et de la nourriture. Plusieurs pourront déplorer cette succession d'étals sans charme qui fait une tache à ce tableau autrement splendide. Consolez-vous, cela n'empêche pas la plage d'être d'une beauté sans pareille. La plage accueille les nudistes. Les abords de la baie ont été protégés par la création d'un parc; tout ce secteur où plusieurs hôtels ont été érigés est maintenant une zone protégée.

En suivant la route en direction de la baie Orientale, vous traverserez la bourgade d'Orléans, où vous trouverez la maison du peintre saint-martinois Roland Richardson.

Baie de l'Embouchure

Si vous continuez votre route, vous longerez la baie de l'Embouchure; en étant attentif, vous remarquerez la mangrove qui s'y est développée, qui fut ravagée par l'ouragan Luis et qui reprend vie peu à peu. Cette étrange forêt qui semble impénétrable est composée de palétuviers, ces arbres qui possèdent de longues racines leur permettant de pousser dans la vase et l'eau. Vous devrez cependant vous contenter de la regarder au loin, rien n'étant organisé pour vous la faire connaître davantage. La plage ne compte pas parmi les plus belles de l'île, mais elle est un site privilégié des véliplanchistes de tous les niveaux, car les amateurs y trouveront des berges bien abritées des vents, et les plus chevronnés profiteront des bons vents qui soufflent au large.

Poursuivez votre route et vous arriverez à la baie Lucas.

En vous rendant vers la baie de l'Embouchure, vous remarquerez la présence d'une longue serre qui renferme un attrait inusité et captivant, **La ferme des papillons** ★ *(10$US; route de la plage du Galion, ☎05.90.87.31.21)*. Il s'agit d'une belle occasion de lever le voile sur le monde mystérieux de ces lépidoptères. Pour ce faire, vous serez invité à vous balader, accompagné d'un guide, dans cette grande volière où pousse une profusion de plantes et où volent librement plusieurs centaines de papillons appartenant à une vingtaine d'espèces. Il vous sera également donné de voir leur métamorphose complète, le développement des chenilles, la formation des chrysalides et la naissance des papillons multicolores. Le tour dure de 20 à 25 min.

Baie Lucas

La baie Lucas (Coralita Beach) est située au nord d'Oyster Pond. Sans doute en raison des algues qui encombrent ses berges, elle est moins fréquentée que les deux autres baies. Il s'agit tout de même d'une agréable plage de sable blond.

Si vous poursuivez votre route vers le sud, vous arriverez dans la portion néerlandaise de l'île, voir «Sint-Maarten», p 125.

ACTIVITÉS DE PLEIN AIR

L'île de Saint-Martin compte plusieurs plages de sable blond et fin qui s'étendent au bord de la mer des Caraïbes ou de l'océan Atlantique. Elles sont de véritables paradis pour les personnes aimant pratiquer divers sports nautiques. Pour les amateurs de randonnée pédestre, il existe également des sentiers qui parcourent les collines du centre de l'île et qui réservent quelques beaux paysages. En fait, l'île possède bien des ressources pour combler les visiteurs désirant pratiquer des activités de plein air.

Dans la présente section, vous trouverez quelques renseignements visant à faciliter la pratique de ces activités ainsi que des adresses où vous pourrez louer de l'équipement sportif.

Baignade

Les plages de Saint-Martin, toutes plus belles les unes que les autres, sauront combler les attentes des baigneurs en tous genres. Parmi elles, une seule plage est naturiste; elle se trouve à la baie Orientale, en son extrémité sud.

Vous trouverez la description des plages les plus intéressantes dans la section «Attraits et plages» (voir p 81).

Plongée sous-marine

Les amateurs de plongée ne seront pas déçus ici car on dénombre plusieurs sites intéressants. Des récifs coralliens se sont développés au large de la baie de Marigot, de l'Anse des

Pères, de la baie aux Prunes et de la baie de Grand Case. Le **Rocher créole** compte parmi les sites les plus prisés de Saint-Martin auprès des plongeurs débutants car, sans avoir à descendre plus d'une dizaine de mètres, il est possible d'y observer une multitude de poissons ainsi que de magnifiques coraux. En prenant part à une excursion, il est possible d'observer la fascinante vie marine qui gravite tout autour.

Quelques centres proposent des excursions de plongée :

Octopus : 15, boulevard Grand Case, B.P. 072, Grand Case 97070, ☎05.90.87.20.62, ⇄05.90.87.20.63. Plongée sous-marine : 230F.
Baptême : 250 F. Plongée de nuit : 260F. Excursion à Tintamarre : 290F.

Blue Ocean : B.P. 940, Baie Nettlé 97060, ☎05.90.87.89.73, Plongée sous-marine : 250F. Plongée de nuit : 330F.

Sea Horse Diving : Plage de l'hôtel Mercure Simpson,
Baie Nettlé, ☎05.90.87.84.15

Sea Dolphin : Plage de l'hôtel de l'hôtel le Flamboyant,
Baie Nettlé, ☎05.90.87.60.72

Scuba Fun : Anse Marcel, ☎05.90.87.36.13. Baptême 450F.

Désertique, l'**île de Tintamarre** est surtout réputée pour ses magnifiques récifs de corail; si l'aventure vous tente, vous pourrez vous y rendre, plusieurs entreprises organisant des excursions près des côtes de cet îlot situé à 2 km de l'île de Saint-Martin. L'excursion comprend la traversée en bateau, une plongée vous entraînant à la découverte du récif et un pique-nique sur une des belles plages de l'île.

Les plongeurs aguerris, désireux de vivre des sensations fortes, choisiront plutôt une excursion au large de **Saba** (Antilles néerlandaises), dont les sites de plongée détiennent le titre envieux de plus beaux des Antilles. Pour plongeurs expérimentés.

Plongée-tuba

Quelques centres organisent également des excursions de plongée-tuba :

Blue Ocean : Baie Nettlé. Une balade en mer : 165F.

À chacune des extrémités de la baie Orientale, on trouve de petits commerçants louant le matériel approprié. Location d'équipement : 30F (1heure) ou 55F (la journée).

Octopus : Grand Case. Location d'équipement : 45F.

Paravoile

Au large des plages de la baie Orientale et de la baie Nettlé, vous aurez tôt fait de remarquer les vertigineuses envolées des amateurs de paravoile, suspendus entre ciel et mer. Sachez cependant que cette expérience n'est pas réservée à quelques élites intrépides et que vous pouvez aussi y prendre part (si vous n'avez pas le vertige). Quelques centres organisent de telles ascencions vers les cieux :

Blue Ocean : Baie Nettlé. Un tour : 280F.

Baie Orientale : kiosque au bord de la plage. Un tour : 280F/50$US.

Voile

Les excursions de voile sont une autre occasion de voguer librement sur les flots cristallins de la mer. Certains centres organisent des excursions; d'autres, s'adressant aux navigateurs plus expérimentés, louent des voiliers.

Blue Ocean : Baie Nettlé. Location de voiliers (*Sun Fish*) : 550F la demi-journée.

Bikini Watersports : Baie Orientale. Location de catamarans : 550F la demi-journée.

Planche à voile

Certaines plages de l'île ont acquis la faveur des véliplanchistes, mais rares sont celles offrant véritablement des vagues et du vent intense. En fait, une seule a peut-être cet avantage : la plage de la baie de l'Embouchure. Plusieurs sont cependant parfaites pour permettre aux débutants de s'amuser ferme. La baie de l'Embouchure, la baie aux Pères, la baie Orientale et la baie Nettlé sont autant d'endroits où vous pourrez louer le matériel et faire valoir votre adresse.

Blue Ocean : Baie Nettlé. Location : 140F.

Bikini Beach: Baie Orientale. Location : 100F l'heure.

Windy Reef : Baie de l'Embouchure, ☎05.90.87.08.37. Location : 100F l'heure, 400 F pour 5 heures. Des cours sont également proposés.

Kayak

Certains centres, en particulier sur la plage de la baie Orientale, louent des kayaks, ces petites embarcations qui offrent véritablement l'occasion de glisser sur les flots. Pour se balader dans l'un d'entre eux, comptez 60F l'heure.

Pêche en haute mer

Si la pêche en haute mer vous intrigue et si vous voulez y prendre part, vous trouverez quelques établissements proposant ce type d'excursion :

Blue Ocean : Baie Nettlé, ☎05.90.87.89.73. Excursion : 2 500F.

Hôtel Méridien : Anse Marcel, ☎05.90.87.67.00.

Les visiteurs ne résidant pas à l'hôtel Méridien peuvent participer aux excursions organisées par le centre sportif rattaché à l'hôtel.

Motomarine (*jet ski*)

Vous pouvez louer ces engins chez :

Blue Ocean : Baie Nettlé. Location : 250F la demi-heure.

Sally's Jet Watersports : Baie Orientale. Location : 250F la demi-heure.

Randonnée pédestre

Comme c'est le cas pour nombre d'îles des Antilles, les villes et villages saint-martinois sont répartis sur les côtes, et rares sont les hameaux qui se sont développés en son centre. On y trouve plutôt un petit massif montagneux dont le plus haut sommet culmine à 424 m : le **pic Paradis**. Desservi par fort peu de routes, il a de tout temps été sillonné de nombreux petits sentiers, les habitants préférant couper à travers l'île pour se rendre d'une côte à l'autre plutôt que d'en faire le tour. Ces petits sentiers, qui en fait en constituent un seul, appelé «**route des Crêtes**», relient St. Peters et Mont Vernon en passant par Colombier et le pic Paradis. Totalisant pas moins de 40 km, la route des Crêtes serpente véritablement à travers le massif, dévoilant par endroits de fabuleux panoramas. Ouvert à tous, ce sentier est une belle occasion de découvrir l'arrière-pays saint-martinois. Attention toutefois de bien préparer votre randonnée avant de partir (voir p 73), car le sentier est long et peu ombragé (la végétation de l'île est souvent chétive, et les arbres le long des sentiers sont rares). Sur la majeure partie du trajet, vous ne pourrez acheter ni eau ni nourriture. En outre, bien que certaines personnes veillent à l'entretien des sentiers, il est fréquent que la nature reprenne le dessus, notamment après les averses, et il peut alors devenir un peu plus difficile de repérer son chemin. Soyez alors attentif pour demeurer sur le sentier et pour ne pas vous égarer. Certaines portions de la route profitent d'un balisage peint sur le tronc des arbres.

Vélo

L'île dispose, à toutes fins utiles, d'une seule route où les voitures roulent vite. Elle serpente entre les collines, et les montées y sont souvent abruptes. En outre, elle est très peu ombragée. Il existe également quelques tronçons secondaires mais, pour s'y rendre, on doit toujours suivre la route principale. Par conséquent, le vélo n'est par conséquent pas le moyen de transport idéal dans l'île, et somme toute peu de gens l'utilisent. On peut tout de même louer des vélos à différents endroits dans l'île. Comptez en moyenne 60F par jour.

Baie Nettlé : Location 2 Roues, ☎05.90.87.25.59.

Équitation

Quelques centres équestres organisent des excursions qui plairont aux amateurs d'équitation. Il s'agit d'une agréable façon de découvrir un autre coin de cette terre antillaise.

OK-Corral : entre la baie de l'Embouchure et la plage Coralita, ☎05.90.87.40.72.

Caïd et Isa : Anse Marcel, ☎05.90.87.45.70.

Bayside Riding Club : Baie de l'Embouchure, ☎05.90.87.36.64.

HÉBERGEMENT

Marigot

Il est possible de loger à Marigot. On y trouve quelques hôtels, la plupart offrant un confort moyen. Parmi ceux-ci, mentionnons le **Royal Louisiana** *(440F pdj; Général de Gaulle, ☎/⇄05.90.87.86.51),* situé au cœur du centre-ville. Il propose des chambres modestes.

Si vous désirez loger dans la ville de Marigot, mais souhaitez profiter de la proximité des flots, vous pourrez lui préférer l'hôtel **Marina Royale** *(690F; rue St. James, ☎05.90.87.52.46)*, dont le bâtiment blanc et bleu, d'aspect propret, se trouve non loin de la marina. Sans bénéficier d'un site enchanteur, étant situé au cœur de l'animation, il propose tout de même des chambres correctes, certaines avec vue sur la marina.

À l'entrée de Marigot, vous croiserez une série de bâtiments se dressant face à la mer. Parmi ceux-ci, vous aurez tôt fait d'en remarquer un, blanc et bleu, qui abrite l'**Hôtel Beach Plaza** *(1 238F vue sur la mer; ≈, ≡, ℜ; Baie de Marigot, 97150, ☎05.90.87.87.00)*. Vous serez ravi par son hall qui s'ouvre agréablement sur les flots, avec une vue magnifique. C'est du hall qu'on accède aux chambres, dont certaines ont un balcon donnant sur la mer ou le jardin. Ce sont bien sûr les plus prisées, car les autres profitent d'une vue moins enviable sur le stationnement. Toutes sont confortables.

Baie Nettlé

La partie ouest de l'île se termine par une longue bande de terre très étroite qu'on pourrait assimiler à une grande boucle, au bord de laquelle on dénombre plusieurs belles plages de sable. Au centre de la boucle se trouvent les eaux calmes et salées du Grand Étang de la baie Simson. Cette bande de terre a ainsi l'avantage d'offrir une vue sur deux plans d'eau bien différents. Tant dans la partie hollandaise (voir p 138) que dans la partie française, des hôtels de luxe ont été construits.

Des plages de sable fin s'étendent en maint endroit sur la pointe ouest, donnant tantôt sur la baie, tantôt sur l'océan Atlantique. La baie Nettlé est la première plage à l'ouest de Marigot. Des complexes hôteliers luxueux y ont été érigés de part et d'autre.

Parmi cette succession de complexes touristiques, un hôtel se démarque par ses prix plus bas, le **Royal Beach** *(494F pdj; ≈, ≡, ℜ; B.P. 571, 97056, ☎05.90.29.12.12)*, situé derrière le centre commercial de Baie Nettlé. L'hôtel est construit au bord de l'océan, et les visiteurs profitent d'avantages similaires aux autres hôtels des environs (grande piscine, plage, quoiqu'un peu petite, jardin). Malheureusement, au premier coup d'œil, vous serez sans doute déçu par le bâtiment et le jardin, qui semblent avoir connu de meilleures années.

Le **Laguna Beach** *(550F; ≈, ≡, ℜ; 97150, ☎05.90.87.91.75, ⇛05.90.87.81.65)* fait face au Royal Beach et propose des chambres à prix moyen d'une catégorie supérieure. Le hall se présente comme une vaste pièce quelque peu froide, au bout de laquelle se trouvent le restaurant puis le jardin. L'hôtel n'en abrite pas moins de grandes chambres simplement décorées, dotées d'un agréable balcon. Il possède en outre un joli jardin et une grande piscine qui donne sur le Grand Étang de la baie Simson.

Le complexe hôtelier **Mercure Simson** *(1 080F pdj; ≈, ℂ, ℜ, ≡, ⊗; B.P. 172, 97150, ☎05.90.87.54.54 , ⇛05.90.87.92.11)* compte plusieurs bâtiments abritant les chambres, qui font toutes face à la baie Nettlé et qui possèdent un vaste balcon. Ce dernier est en fait une pièce supplémentaire à votre chambre, car il est à la fois utile (c'est là que se trouve la cuisinette) et agréable (la vue sur la baie est très belle). Vous y passerez de bons moments le matin et en fin d'après-midi. Ce complexe comprend également de grands jardins plantés d'arbustes aux fleurs multicolores et, bien sûr, une piscine autour de laquelle se déroule l'essentiel des activités de la journée.

En parcourant du regard le site de l'**Anse Margot** *(860F; ≈, ≡, ℜ; 97150, ☎05.90.87.92.01, ⇛05.90.87.92.13)*, on a tôt fait de constater que les lieux ont été aménagés avec soin, pour que chaque vacancier s'y sente bien. Ainsi, dans le vaste jardin, qui s'étire au bord de la baie, poussent une profusion de plantes, et il fait bon s'y promener. Ici et là s'élèvent les jolis bâtiments rose clair et blancs, tous ornés de coquets balcons ouvragés. Ils abritent des chambres vastes, décorées avec goût et bien tenues.

Le **Nettlé Bay** *(1 050F pour une villa ou 940F pdj pour une chambre dans un Garden; ≈, ℜ, ≡, ℂ; B.P. 4081, 97064, ☎05.90.87.68.68)* offre un confort équivalent à celui de l'Anse Margot, mais il propose, quant à lui, deux types d'hébergement : les villas, qui comprennent une ou deux chambres spacieuses et une cuisinette, et les Gardens, qui sont en fait une série de bungalows abritant chacun 35 chambres. Chacun des bâtiments a été judicieusement conçu de façon à ce que toutes les chambres aient vue sur la piscine et sur la baie Nettlé.

Parmi les hôtels très confortables de la baie, mentionnons le **Flamboyant Resort** *(1 100F + 16%; ≈, ℜ, ≡, ℂ, ⊛; 97150, ☎05.90.87.60.00)*, qui présente de beaux bâtiments à toit de tuiles orangées. Outre son avantageuse situation géographique (il est situé sur une des plus belles plages de la baie Nettlé), il offre également toute une gamme de services et d'installations, comme ses deux piscines, ses baignoires à remous, ses courts de tennis et ses chambres équipées d'une cuisinette, rendant ainsi le séjour des vacanciers fort plaisant. Enfin, il renferme des chambres de bonnes dimensions offrant un confort impeccable.

Long Bay

S'il est un hôtel de rêve à Saint-Martin, c'est bien **La Samanna** *(640$US pdj; ≈, ℜ; B.P. 4077, 97064, ☎05.90.87.64.00, ⇒05.90.87.87.86)*. Juché sur une falaise et surplombant l'une des plus belles plages de l'île, Long Bay, il profite d'une situation géographique sans pareille, et l'on a fort bien tiré parti de cet avantage. Le restaurant, les chambres et le hall sont aménagés pour faire face aux flots cristallins et, où que vous soyez, vous pourrez contempler sans cesse ce spectacle magnifique. Une attention toute particulière a été apportée à la décoration. Ainsi, le hall, avec sa petite fontaine en carreaux de céramique et ses murs ornés de tapis moyen-orientaux, a un cachet unique. Les chambres, également décorées avec goût, procurent un grand confort.

Rambaud

Loin du brouhaha de la ville et de l'animation des villages touristiques, le **Garden Hill** *(500F; ⊗, ℂ; ☎05.90.87.93.96, ⇒05.90.87.26.02)* plaira tout particulièrement aux personnes appréciant les sites retirés et plaisibles. Tout au bout d'un chemin abrupt qui serpente à flanc de colline, vous dénicherez le bâtiment beige pourvu de jolies frises bleu ciel, qui est bâti de tel sorte qu'il domine la région. Chaque chambre, mignonne à souhait, possède un balcon d'où vous pourrez contempler ce spectacle envoûtant. L'hôtel est des plus plaisants, mais sachez cependant que, pour vous y rendre, vous devrez disposer d'une voiture, car il est situé à Rambaud, un hameau situé entre Marigot et Grand Case qui dispose de peu de ressources (pas d'épicerie ni de restaurant, et à bonne distance de la plage).

Grand Case

Le joli bourg de Grand Case propose un bon choix d'établissements hôteliers qui plairont tant aux personnes cherchant des hôtels de catégorie moyenne qu'à celles préférant les luxueux complexes.

Au centre-ville, quelques bonnes adresses permettent de se loger à un prix relativement peu élevé pour Saint-Martin. Parmi celles-ci, l'hôtel **Hévea** *(420F; 163 boulevard Grand Case, 97150, ☎05.90.87.56.85, ⇌05.90.87.83.88)*, aménagé dans une coquette petite maison, vaut la peine d'être mentionné. Ses chambres n'ont rien de luxueux, mais une attention particulière a été apportée à la décoration, comme ces poutres de bois et ces meubles vieillots qui leur confèrent un cachet bien singulier. Ce petit hôtel comprend deux chambres ainsi que six studios (dont trois sont climatisés, le prix de location des studios étant de 380F, 610F ou 680F). Bon rapport qualité/prix. Attention, on n'y respecte pas toujours les réservations.

Le **Grand Case Beach Motel** *(450F; ℂ; 97150, ☎05.90.87.87.75, ⇌05.90.87.26.55, ou écrire à B.P. 175, Philipsburg, Sint-Maarten)* propose également des chambres à bon prix, au confort sommaire certes, mais qui ont tout de même l'avantage d'être équipées d'une cuisinette. Le décor est ici inexistant, mais au moins les chambres ont vue sur la mer. Le service se fait en anglais.

Si vous cherchez avant tout à vous loger à bas prix, optez pour le motel **Les Alizés** *(450F; 10 Allée des Escargots, 97150, ☎05.90.87.95.38, ⇌05.90.29.31.71)*. Rien de luxueux ici. Les chambres présentent toutes une décoration modeste et procurent un confort rudimentaire (on y trouve le strict minimum), mais on a l'avantage de la proximité de la plage.

L'hôtel **Atlantide** *(600F; ℂ, ≡; B.P. 5140, 97150, ☎05.90.87.09.80, ⇌05.90.87.12.36)* a été érigé à quelques pas du centre de Grand Case; il se trouve ainsi près de l'animation tout en bénéficiant d'un site tranquille, avec accès direct à la plage. De plus, afin que les clients jouissent des beaux paysages marins, toutes les chambres, joliment décorées et toujours très bien tenues, ont une terrasse donnant sur la mer. L'accueil est en outre fort sympathique.

Une belle demeure blanche élégamment ornée de carreaux de céramique renferme le **Petit Hôtel** *(1 500F / 250$US; ≡, ℂ; 97150, ☎05.90.29.09.65, ⇌05.90.87.09.19)*, une superbe résidence qui n'a rien de luxueux mais où l'on se sent bien. Vous logerez dans de vastes chambres coquettement décorées de boiseries et au confort impeccable. Sans être construit au centre-ville, il s'y trouve à courte distance et a l'avantage d'être situé au bord de la mer.

Juste à côté, le **Pavillon** *(950F pdj pour un studio; ≡, ℂ; 97150, ☎05.90.87.96.46, ⇌05.90.87.71.04)* renferme également des chambres munies d'une cuisinette et d'une belle terrasse s'ouvrant sur les flots. Son décor arbore des couleurs plus vives, plus antillaises, et les chambres se parent de meubles de rotin aux couleurs pastel. L'endroit est fort bien tenu.

Vous ne pouvez pas manquer les bâtiments blanc et bleu de l'**Esplanade Caraïbe** *(1 500F-1 800F; ≈, ≡, ℂ, ⊗; B.P. 5007, 97150, ☎05.90.87.06.55, ⇌05.90.87.29.15)*, construits à flanc de colline, en surplomb sur la baie de Grand Case. On les aperçoit de la ville. Ici, tout a été pensé pour améliorer le confort des visiteurs : la cuisine est particulièrement bien équipée, le salon des studios est spacieux, les pièces sont joliment ornées de belles boiseries (portes d'entrée, plafonds, et escaliers des suites avec mezzanine) et ont vue sur la mer.

Tout au bout de la plage de Grand Case, on remarque la présence du long bâtiment blanc, haut d'un étage, du **Grand Case Beach Club** *(1 250 F; ≈, ≡, ℂ; 97150, ☎05.90.87.51.87, ⇌05.90.87.59.93)*. Un brin vieillot, il renferme pas moins 72 chambres au confort moderne, vastes, et profitant d'un balcon qui donne sur la plage. Un petit jardin, joliment aménagé, borde la plage où une foule d'activités nautiques sont organisées. Il se trouve à quelques minutes de marche du village; vous pourrez donc aisément profiter des avantages de Grand Case tout en jouissant d'un site tranquille.

Anse Marcel

Quelques complexes hôteliers ont été érigés autour de la petite baie isolée de l'Anse Marcel. Sans doute la beauté du site et la superbe plage les ont-ils attirés.

L'**Hôtel Privilège** *(900F-1 000F; ≡; 97056, ☎05.90.87.37.37, ⇛05.90.87.33.75)* occupe une petite partie de l'Anse Marcel, un peu en retrait de la plage. Il est installé dans un mignon bâtiment de bois au charme antillais. Au rez-de-chaussée, vous trouverez une galerie de boutiques et, à l'étage, les chambres pourvues de grandes fenêtres donnant sur le jardin. Elles sont garnies d'un mobilier ne les surchargeant pas, de sorte qu'on se sent bien dans ces pièces aérées. Sur les balcons de bois, ici et là, quelques hamacs sont accrochés.

En arrivant à l'Anse Marcel, vous remarquerez une route qui grimpe dans la colline. Au sommet se trouve le complexe hôtelier **Panoramic Privilège** *(1 884F + taxes pdj; ≈, ℜ, ≡; 97150, ☎05.90.87.38.38, ⇛05.90.87.44.12)*. Il n'a pas l'avantage de donner directement sur la plage, mais offre tout de même une vue exceptionnelle sur l'Anse Marcel, sans compter que le site est d'une grande tranquillité, ce qui plaira aux personnes cherchant à se reposer. Bien sûr, les chambres possèdent un balcon, d'où vous pourrez contempler le spectacle de la mer. Des courts de tennis et un relais de santé (*spa*) sont à la disposition des visiteurs. Le complexe comprend également l'hôtel **Horizon**, qui dispose de chambres attrayantes aux couleurs joyeuses, toutes munies d'une grande salle de bain.

À l'hôtel **Caye Blanche** *(1 900F; ≈, ≡, ℂ; 97150, ☎05.90.87.30.30, ⇛05.90.87.48.55)*, on a opté pour une décoration unique à Saint-Martin : un plancher de carreaux rosés, des sofas et des murs blancs, quelques meubles de bois, c'est-à-dire une composition qui parvient à créer des chambres d'où émane une sensation apaisante et où, quel que soit le moment de la journée, on se sent au frais. La salle de bain se distingue par ses tuiles colorées, qui donnent une touche plaisante et qui complètent bien le décor de ces chambres au confort impeccable. Cette décoration dépouillée, d'un goût raffinée, fait de cet établissement l'un des plus beaux de Saint-Martin. L'ensemble de l'hôtel est d'une élégance sans faille; les terrasses, garnies de meubles en teck, donnent sur la piscine et sur un jardin tranquille. Certaines chambres sont pourvues d'une cuisinette, et il est possible de demander les services d'une cuisinière.

Le Méridien *(ℜ, ≡, ≈; B.P. 581, 97056, ☎05.90.87.67.00, ⇌05.90.87.30.38)*, un vaste complexe hôtelier comprenant **L'Habitation de Lonvilliers** *(1 670F)* et **Le Domaine** *(1 850F)*, occupe pratiquement toute l'Anse Marcel. Autour de ces bâtiments s'étend un vaste et superbe jardin où pousse une profusion de plantes fleuries, où il fait bon déambuler et au bout duquel s'allongent la plage et la mer. L'Habitation de Lonvilliers propose des chambres fort jolies. Elles arborent toutes de belles couleurs joyeuses et un mobilier moderne. Juste à côté, Le Domaine a été récemment construit et renferme des chambres vastes et pourvues d'un grand balcon. On y accède par une allée agréablement bordée de bambous. Il va sans dire que Le Méridien bénéficie d'un superbe site, paisible à souhait.

French Cul-de-Sac

La baie de Cul-de-Sac est peu développée par rapport aux autres plages de l'île. On y trouve cependant quelques hôtels, notamment le **Belvedere Residence** *(2 400F par semaine; 97150, ☎05.90.87.37.89, ⇌05.90.87.30.52)*, à flanc de colline, dans un site qui manque malheureusement de charme. Ses chambres confortables tentent tant bien que mal de faire oublier cet inconvénient. Les visiteurs ont tout de même accès à une grande piscine.

Mont Vernon

Les **Jardins de Chevrisse** *(570F pour un studio ou 790F pour une villa; ≡, ℂ; 97150, ☎05.90.87.37.79, ≠05.90.87.38.03)* se composent de plusieurs maisonnettes jaunes au toit orangé, construites très proches les unes des autres. La proximité des bâtiments nuit à l'intimité certes, mais les chambres sont très correctes. Une profusion de plantes parvient tant bien que mal à isoler les chambres et leur terrasse.

L'hôtel **Mont Vernon** *(2 260F avec vue sur la mer ; ≈, ≡, ℜ; B.P. 1174, 97062, ☎05.90.87.62.00, ≠05.90.87.37.27)* occupe le pied des collines du même nom, qui se dressent à l'extrémité nord de la baie Orientale. S'élevant sur quelque cinq étages, les bâtiments pourvus de vastes balcons bleus, verts ou roses abritent des chambres vastes et décorées de meubles de rotin dans les mêmes teintes. Les résidants profitent en outre d'un vaste jardin des plus agréables qui s'étend jusqu'à la magnifique plage de la baie Orientale.

Une belle allée de bougainvilliers et de lauriers mène à l'hôtel **Alizea** *(1 080F pdj; ≈, ℜ, ≡, ℂ; 25 Mont Vernon, 87.33.42, ≠05.90.87.41.15)*, qui est situé un peu en retrait de la plage, mais qui a l'avantage d'offrir le spectacle merveilleux des flots argentés s'étendant à l'horizon. Ses chambres sont vastes et coquettement rehaussées de rideaux et de couvre-lits colorés. L'endroit est paisible.

Baie Orientale

Au bord de la superbe baie Orientale, sur une bande de sable fin, toute une série de complexes hôteliers ont vu le jour afin de permettre aux visiteurs de loger près de l'un des plus beaux sites de l'île.

L'hôtel **La Plantation** *(860F pdj pour un studio ou 1 180F pdj pour une suite; ℂ, ≈, ≡; 97150, ☎05.90.29.58.00, ≠05.90.29.58.08)* propose ainsi, près de ce site magnifique, des chambres à bon prix qui n'ont toutefois pas l'avantage de donner directement sur la plage. En outre, les villas qui les abritent sont mignonnes, mais modestement décorées, offrant tout de même un confort acceptable. Il s'agit d'une bonne adresse à retenir.

En pénétrant sur le site de l'**Orient Bay Hotel** *(570F + 5% pour un studio ou 790F + 5% pour une villa; ≈, ≡, ℂ; Mont Vernon 1, route Cul-de-Sac, 97150, ☎05.90.87.31.10, ⇌05.90.87.37.66)*, vous serez agréablement surpris de la profusion de lauriers roses et d'hibiscus rouges qui parviennent à faire oublier l'absence de jardin. Ces plantes aux couleurs chaudes égayent les mignonnes petites villas rose clair construites sur un terrain un peu en retrait de la plage. Il s'y trouve une belle piscine.

Avec pas plus de 28 chambres, l'**Hoste** *(1 110F côté jardin ou 1 200F côté mer; ≈, ≡; 97150, ☎05.90.87.42.08, ⇌05.90.87.39.96)* combine l'intimité d'un petit hôtel et le confort des plus grands. Ses coquets pavillons aux couleurs pastel ont une belle vue sur la baie et renferment des chambres simplement décorées mais au confort tout à fait adéquat. Enfin, vous profiterez d'un service attentionné et gentil.

Le **St. Tropez** *(935F + 5%, 1er niveau : 1 045F + 5% côté mer ou jardin, 2e niveau : 1 250F + 5% avec vue sur la mer; ≈, ≡; ☎05.90.87.42.01, ⇌05.90.87.41.69)* regroupe les hôtels Boca Raton, Capri et Palm Beach. Il dispose d'un petit lopin de terre, et les concepteurs de ce site ont voulu tirer profit au maximum de l'espace qu'il occupe, construisant plusieurs bâtiments d'aspect varié qui abritent 84 suites joliment décorées. Bien que l'on puisse déplorer la petitesse du jardin, l'endroit bénéficie d'une avantageuse situation, avec accès à la plage.

Le superbe complexe **Esmeralda** *(1 500F ou 2 200F côté mer; ≈, ≡, ℜ; 97071, ☎05.90.87.36.36, ⇌05.90.61.05.44)* compte plusieurs luxueuses villas aménagées dans un vaste jardin agrémenté d'une profusion de plantes et de fleurs. Chaque pavillon, à bonne distance les uns des autres, n'abrite que quelques chambres et bénéficie de sa propre piscine, de sorte que les résidants profitent tous d'une piscine presque privée. Les chambres, joliment parées de meubles de rotin, de fleurs et de couleurs chaleureuses, sont une autre bonne raison d'opter pour cet établissement.

Non loin de l'Orient Bay Hotel s'étend le luxueux complexe **Green Cay Village** *(13 972F par semaine; ≈, ≡, ℜ, ℂ; B.P. 3006, 97064, ☎05.90.87.38.63, ⇌05.90.87.39.27)*. Ici, on a cherché à combler les désirs des visiteurs à la recherche d'intimité et de paix. On ne retrouve donc pas de bâtiments abritant une multitude de chambres, mais plutôt des maisonnettes chaleureuses et joliment décorées, avec une piscine privée et une belle terrasse offrant une vue sur la mer.

Le **Club Orient** *(1 230F; ℜ, ℂ; Baie Orientale, 97150, ☎05.90.87.33.85, ⇌05.90.87.33.76)* est le seul camp de naturistes de Saint-Martin. Il comprend une série de maisonnettes en lattes de bois, réparties sur un vaste terrain bordant la mer, qui s'égayent ici et là d'un palmier ou de quelques arbustes. Les vacanciers peuvent y séjourner tout à leur aise; ce site paisible et retiré a tout d'un petit paradis. Ils ne s'en trouvent pas pour autant isolés de tout, car la plage et les installations ne sont pas pour le seul bénéfice des naturistes et sont accessibles à tous.

RESTAURANTS

Marigot

La ville compte plusieurs bonnes adresses où vous pourrez manger tout en profitant d'un belle vue, soit sur la marina, soit sur la baie de Marigot.

Sur l'heure du midi ou au petit déjeuner, vous n'aurez aucune difficulté à dénicher de bons sandwichs ou des viennoiseries. Sur la rue du Général de Gaulle se trouvent les **Délices de France** *($)*, où vous pourrez acheter, tôt le matin, de délicieux croissants et des pains au chocolat. Le midi *(comptez 50F)*, le menu est fort simple et essentiellement composé de quiches et de sandwichs.

Si vous vous baladez dans la rue de la Liberté, à côté du palais de justice, vous apercevrez une **boulangerie-pâtisserie** *($)* qui sert également des sandwichs et des salades. Elle possède une sympathique terrasse qui, bien qu'elle donne sur la rue, est très fréquentée le midi.

Le **Bar de la mer** *($$-$$$; 1 rue de la Liberté, ☎05.90.87.81.79)* est une bonne adresse pour profiter d'une terrasse donnant sur la baie, et les visiteurs s'y pressent pour profiter d'un bon repas dans une ambiance décontractée. Ils y viennent autant le midi que le soir pour manger des salades ou de bons plats de poisson. Les jours de grillades sont particulièrement populaires. Le cuistot s'installe alors derrière son barbecue et y fait griller steaks, poissons et fruits de mer, dont les fumets embaument à des mètres à la ronde.

La marina attire également une foule animée. L'endroit est bien agréable et, afin que les visiteurs puissent profiter de cette ambiance, bon nombre de restaurants s'y sont établis et proposent une carte simple (poisson grillé, salades). Ils sont tous installés les uns à côté des autres, et chacun dispose d'une sympathique terrasse ouverte sur la marina. Parmi ceux-ci, la **Belle époque** *($$-$$$; ☎05.90.87.70.70)* sert de bons plats, notamment un repas avantageux comprenant l'entrée, le dessert et une demi-langouste grillée tout à fait délicieuse.

À côté, le **Chanteclair** *($$$; ☎05.90.87.94.60)* est une autre table donnant sur la marina où vous pourrez vous délecter. Vous aurez l'embarras du choix parmi une sélection de plats tous plus succulents les uns que les autres. Parmi ceux-ci, vous pouvez essayer le thon grillé avec légumes au vinaigre balsamique ou les Saint-Jacques bardées de magret. Si vous avez plutôt envie de spécialités créoles, vous pourrez opter pour le menu caribéen. Vous aurez alors droit aux accras, au vivaneau grillé et à la tarte coco.

Toujours à la marina, mais un peu à l'écart de l'animation, le **Bistrot des Arts** *($$$; ☎87.55.20)* s'avère un tantinet plus chic. Jour après jour, on y concocte de délicieux plats de poisson, par exemple le filet de vivaneau sauce cajun ou le steak de thon grillé sauce créole, fort joliment présentés, ainsi que de délicieux plats de viande. La carte des desserts se fait tout aussi tentante et permet de clore le repas de belle façon.

Située en plein centre-ville, en dehors des grandes zones touristiques que sont la marina et la baie, **La Chamade** *($$$; rue St. James, ☎05.90.27.07.18)* passe facilement inaperçue. Le détour en vaut pourtant la peine, tout particulièrement si vous préférez vous préoccuper du contenu de votre assiette plutôt que de la vue sur les flots. La salle à manger n'en est pas moins coquette à souhait, décorée d'un mur de briques et de meubles de bois. Mais c'est le menu qui retient véritablement l'attention, préparé soigneusement chaque jour, de façon à offrir des ingrédients de qualité et des plats toujours savoureux. Certains d'entre eux comptent parmi les classiques de la cuisine française, notamment le confit de canard ou le magret de canard au foie gras; d'autres sont plus innovateurs, comme la langouste grillée au pernod sauce provençale. Les entrées sont tout aussi délicieuses; il faut notamment essayer le feuilleté d'escargots sauce aux morilles. Il s'agit sans conteste d'une des perles de la ville.

Le **Mini-Club** *($$$; rue de la Liberté, ☎05.90.87.50.69)* porte le titre envieux de la plus ancienne table de Marigot, et année après année la cuisine que l'on y propose ne déçoit jamais. Que vous ayez envie d'un plat de poisson, d'un crabe farci ou de quelque spécialité créole, c'est l'endroit où se rendre en ville. De plus, il bénéficie d'un plaisant site, juste en face de la baie.

Au centre de la ville, en retrait de la mer, se trouve le **Charolais** *($$$$; rue Félix Éboué, angle G. de Gaulle ☎05.90.87.93.19)*. À l'intérieur, vous vous sentirez d'ailleurs bien loin des plages, car le décor tente de reproduire un ranch américain, et aux murs de bois sont accrochés des auges, des fourches et des accessoires servant à l'élevage du bétail. On a opté pour une telle décoration en raison de la spécialité de l'établissement, le bœuf, toujours d'une qualité exceptionnelle et servi en copieuses portions.

Occupant une splendide demeure coloniale, **La vie en rose** *($$$$; boulevard de France, ☎05.90.87.54.42)* compte sans nul doute parmi les meilleures tables de la ville. La salle à manger, fort jolie et pourvue d'un magnifique plafond à caissons, est des plus invitantes. Il est également possible de manger à la terrasse aménagée sur le beau balcon en fer forgé. C'est dans un environnement à nul autre pareil que vous savourerez votre repas... et quel repas! Choisir parmi la sélection des plats proposés est déjà un délicieux problème. Quelques plats sont dignes de mention, notamment le roulé de sole aux médaillons de langouste, véritable festin pour les papilles. Afin que votre soirée soit réussie, une foule de petites attentions est apportée, tels ses délicieux amuse-bouches comme entrée. Le midi, il est également possible de s'attabler sur l'autre terrasse donnant sur le marché. Le service est des plus attentionnés.

Baie des Pères (Friar's Bay)

Difficile de manquer le **Friar's Bay Café** *($-$$),* qui se dresse au bord de la plage et où vous pourrez prendre votre repas tout en gardant les pieds dans le sable. On y sert des plats simples et bons, comme le poulet boucané, des salades et des hamburgers, parfaits à midi si vous ne voulez pas abandonner la plage trop longtemps.

Sandy Ground

À Sandy Ground, au bord de la route, vous aurez peut-être remarqué la présence d'une jolie maison créole qui abrite le restaurant la **Case Créole** *($$-$$$; ☎05.90.87.28.45).* Il s'agit d'une bonne adresse à connaître si vous avez envie de faire une incursion du côté des spécialités créoles, pour goûter notamment les blaff, colombo et court-bouillon.

Le **Marios Bistrot** *($$$-$$$$)* a été construit au bord du bras de mer qui relie la mer des Caraïbes au Grand Étang de la baie Simson, et sa salle à manger le surplombe agréablement. Le restaurant se pare en outre d'une belle décoration composée de murs bleu ciel, de céramiques et de beaux luminaires; il s'en dégage une ambiance invitante parfaite pour les repas romantiques. Le menu vous comblera également, car il affiche des plats raffinés, comme cette poêlée de Saint-Jacques au risotto à la crème de crabe ou ce panequet de saumon, toujours apprêtés de succulente façon. Il faut en outre penser se garder un peu de place pour les desserts, qui sont autant de sublimes gourmandises.

Baie Nettlé

Pour faire changement des buffets, vous pouvez aller prendre le petit déjeuner **Chez Swan** *($)*, situé au centre commercial Baie Nettlé.

Si vous avez envie de changer votre régime, vous pouvez vous rendre chez **Bac Lien** *($$$; ☎05.90.87.90.23)*, où l'on prépare des spécialités vietnamiennes et thaïlandaises. Les plats n'ont rien d'extravagant, mais sont agréablement différents des mets français ou créoles.

Long Bay

Vous passerez à coup sûr une soirée inoubliable, tant pour votre estomac que pour votre porte-monnaie, au **Restaurant** *($$$$)* de l'hôtel La Samanna (voir p 102). Vous profiterez d'une magnifique salle à manger offrant une vue imprenable sur les flots et où règne une atmosphère élégante qui n'a rien de guindé. Le menu varie au gré des arrivages, mais les plats, concoctés avec art et avec les produits les plus frais sur le marché, sont toujours un véritable régal.

Grand Case

Grand Case, village bien mignon, étonne par le nombre de bonnes tables qui se succèdent sur sa rue principale. Vous aurez peut-être de la difficulté à choisir entre tous ces menus, plus appétissants les uns que les autres.

Si vous aimez les endroits bien authentiques, vous devez aller goûter un poisson grillé à l'un des **comptoirs aménagés au bord de la mer** *($-$$)*. Dès le matin, dans un de ces petits kiosques de bois vermoulu, les Saint-Martinoises viennent préparer leurs plats, poisson grillé ou crabe farci, qu'elles cuiront sur des barbecues de fortune. Malgré ces installations, elles parviennent à préparer de véritables petits délices.

Directement au bord de la plage, le **Michael's Café** *($-$$)* est une autre adresse sympa à Grand Case pour le petit déjeuner ou le déjeuner. Vous aurez alors le choix parmi une sélection de sandwichs et de hamburgers.

Pour manger une délicieuse pizza tout en contemplant le spectacle de la mer, rendez-vous au **California** *($$)*. Si vous préférez manger dans votre chambre, sachez qu'il est possible de l'emporter.

Pour prendre un bon déjeuner sans dépenser toute votre fortune, vous pouvez vous rendre au **Restaurant du Soleil** *($$-$$$; 87.92.32)*, qui propose une cuisine tout à fait honnête. Vous pourrez y savourer une salade niçoise ou exotique (gambas et ananas), une quiche lorraine ou une omelette tout en étant confortablement installé dans une jolie salle à manger toute de bleue et de jaune ayant, pour spectacle, la mer qui s'étend au loin.

L'une des bonnes tables de Grand Case, le **Rainbow** *($$$-$$$$)* est avantageusement construit au bord de la mer. Dans une belle salle à manger, au décor simple et dépouillé, essentiellement ornée de plantes fleuries, vous savourerez des plats de poisson et de fruits de mer. Parmi quelques-unes des spécialités, vous pourrez essayer le *mahi-mahi* sauce créole ou la poêlée de gambas, servis d'exquise manière. L'atmosphère y est paisible et le service, courtois.

Le soir venu, certains voudront sans doute s'offrir un excellent repas dans une ambiance doucement raffinée. Comptant parmi les meilleures tables de la ville, **Chez Martine** *($$$-$$$$; ☎05.90.87.51.59)* saura enchanter les plus fins gourmets, car on y prépare des plats d'une exceptionnelle qualité. Ainsi, le menu propose des plats préparés avec art, tel ce médaillon de langouste à l'américaine. Bien que le repas soit copieux, il faut absolument se garder une petite place pour le dessert, notamment le gratin de fruits et le sorbet passion, qui allie goûts sucré et acidulé. La soirée sera d'autant plus réussie que le service est tout de gentillesse et plein de petites attentions.

Il y a belle lurette que la réputation du **Fish Pot** *($$$$; ☎05.90.87.50.88)* n'est plus à faire, et l'on vous parlera toujours de lui avec un soupir d'aise. La raison en est bien simple : il s'agit d'une de ces tables où la langouste, le vivaneau, les crevettes et autres produits de la mer sont toujours d'une grande fraîcheur et apprêtés de divine façon. Un tel établissement se doit d'avoir un certain standing et, sans être guindé, il compte parmi les établissements élégants en ville.

Une case créole entièrement remise au goût du jour abrite l'une des meilleures tables en ville, **Le Pressoir** *($$$$; ☎05.90.87.76.62)*. La carte annonce déjà le festin qui vous attend. Que vous optiez pour la salade verte façon du Pressoir ou la soupe de poisson et sa rouille, le repas débutera d'excellente façon. S'ensuivront quelques mets savoureux, dont vous aurez pris le temps de choisir parmi des plats aussi savoureux que le navarin de langouste sauce aux herbes ou la paupiette de saumon à la mousseline d'asperges. Enfin, ce menu ne saurait être complet sans une folie pour le dessert; vous pourrez entre autres goûter au gratin de fruits rouges ou au fondant au chocolat avec coulis de poires. Le service est courtois et la soirée, à coup sûr, réussie.

À deux pas de là, vous croiserez un autre restaurant servant des plats qui vous raviront tout autant, **Le Tastevin** *($$$$; ☎05.90.87.55.47)*. Les plats sont tous délicieux, telle cette daurade de saumon aux agrumes. Si vous le désirez, vous pouvez essayer le menu à 340F, qui propose une alléchante sélection de plats, tous accompagnés d'un verre de vin judicieusement choisi.

Anse Marcel

Juste avant de prendre la route pour accéder à l'Anse Marcel, vous croiserez un établissement fort modeste, le restaurant **Cotonier** *($$$; ☎05.90.87.44.56)*, où l'on sert certains des meilleurs plats créoles de l'île. Les gens viennent de loin pour y goûter quelques spécialités toujours innovatrices telles que ce filet de vivaneau au soufflé de mousse de lambi et au beurre d'estragon ou cette roulade de volaille au boudin créole. La simple lecture du menu vous mettra l'eau à la bouche, et le repas ne vous décevra pas.

À l'Anse Marcel, vous aurez le choix entre les restaurants de l'hôtel Méridien : le buffet du **Barbecue** *($$$)*, situé au bord de l'eau et servant des spécialités antillaises, ou la **Belle France** *($$$$)*, qui propose plutôt une cuisine française raffinée.

En dehors du complexe hôtelier, il existe un autre restaurant, **La Louisiane**. Ici, quoique le nom puisse le laisser supposer, on ne sert pas de mets cajuns, mais de bons plats de poisson et de viande, ainsi que des salades et des pizzas. Outre ces bons plats, il présente un décor simple et agréable où règne une ambiance sympathique. L'endroit est tout aussi agréable le midi *($$)*, alors que le menu affiche quelques plats du jour à bon prix, que le soir *($$$)*, où vous pourrez choisir parmi une belle sélection de mets.

Mont Vernon

Le **Taitu** *($$)* est une bonne adresse à connaître le midi. Confortablement attablé à la terrasse entourée de verdure, vous pourrez vous rassasier d'une omelette, d'un sandwich ou de quelque spécialité créole.

Le restaurant de l'hôtel **Mont Vernon** *($$-$$$)* profite de deux salles à manger, l'une aménagée dans une cour intérieure où chaque table bénéficie d'un joli parasol bleu, et l'autre à l'intérieur, joliment garnie de meubles de rotin. Dans une atmosphère conviviale, vous pourrez savourer des plats variés allant des accras créoles aux hamburgers, sans oublier une belle sélection de poissons et de viandes.

Baie Orientale

Au bord de la baie Orientale, vous ne trouverez pas de restaurants raffinés, mais toute une sélection de restaurants ouverts sur la mer, proposant des plats très simples et variés allant de la pizza aux hamburgers, sans oublier les sandwichs, les salades et les plats mexicains. Les gens viennent y manger entre deux baignades, et il y règne une atmosphère sympathique et détendue. Parmi ces restaurants, le **Bikini Beach** *($$-$$$)* se démarque par sa grande salle à manger ouverte sur la plage et son ambiance de fête. Le menu affiche des plats sans extravagance, un peu chers, mais bienvenus le midi.

SORTIES

Le soleil se couche tôt à Saint-Martin; tous les soirs, dès 19h, il fait nuit noire. Cela n'empêche pas l'île d'avoir une vie nocturne animée; discothèques, bars et casinos accueillent alors les visiteurs. Cette animation débute dès la fin de l'après-midi, alors que les bars situés près de la mer reçoivent les gens qui désirent siroter un verre tout en contemplant les derniers rayons du soleil.

Les bars et les discothèques

Marigot

Si vous désirez vous dégourdir les jambes, le **Bambou Café** est l'endroit tout indiqué. L'atmosphère y est enjouée et vous ne pourrez que vous y amuser.

L'**Atmo** est l'adresse en ville où vous rendre si vous désirez passer une joyeuse soirée. Toute la soirée, vous pourrez y danser sur des airs endiablés.

Le **Bar de la mer** *(port de Marigot)* possède une belle terrasse qui a vue sur la mer. On y vient pour profiter d'une atmosphère détendue où l'on se sent bien pour bavarder.

Pour terminer la soirée sur des airs entraînants et danser tout votre soûl, deux discothèques en ville ont acquis leurs lettres de noblesse, le **Club One** *(Marina la Royale, ☎05.90.87.98.41)* et le **Privé** *(à l'entrée ouest de la ville, rue de la Liberté, ☎05.90.87.95.77)*, qui a l'avantage de posséder une belle terrasse.

Baie Nettlé, Long Bay, Anse Marcel

Près des villages touristiques, on trouve plusieurs établissements réputés pour leur animation ou pour leur site, des plus agréables en soirée.

Les grands complexes hôteliers, qu'il s'agisse du Méridien (Anse Marcel), du Flamboyant (Baie Nettlé), du Mercure Simson (Baie Nettlé) ou de La Samanna (Long Bay), possèdent tous un joli bar offrant une vue magnifique sur la mer.

Dans les collines surplombant l'Anse Marcel se trouve l'hôtel **Privilège Resort**, qui, en plus de bénéficier d'une vue superbe, possède un piano-bar où vous passerez d'excellents moments.

Baie des Pères

Le dimanche, des musiciens sont souvent invités sur les berges de Baie des Pères (Friar's Bay), et tout l'après-midi il y règne une joyeuse ambiance de fête.

Baie Orientale

Plusieurs restaurants s'ouvrant sur la baie Orientale profitent d'une ambiance de vacances des plus chouettes pour prendre un verre en fin d'après-midi. Certains jours, des musiciens viennent jouer au bord de la plage.

Les casinos

Des casinos ont été ouverts exclusivement dans la partie néerlandaise de l'île. Plusieurs hôtels situés dans la partie française mettent des navettes gratuites à la disposition des visiteurs désirant se rendre aux casinos pour y tenter leur chance.

ACHATS

Les boutiques sont nombreuses et les produits, multiples; nous en avons sélectionné quelques-unes qui nous ont paru intéressantes, soit pour leurs produits, soit pour les prix demandés.

Marigot

Vêtements

Marigot est véritablement le centre de la haute couture à Saint-Martin. En fouinant un peu, et si vous ne craignez pas d'ouvrir votre porte-monnaie, vous pourrez y dénicher quelques-unes des dernières créations des grands couturiers français et italiens.

Les gens de... *(rue du Général de Gaulle),* **Milano** *(rue du Général de Gaulle)* et **La Romana** *(rue de la République)* comptent parmi les belles boutiques où vous pourrez vous laissez tenter un brin.

D'autres commerçants ont plutôt opté pour des lignes de vêtements plus adaptés au chaud climat des Antilles, d'un style plus simple, souvent de coton ou de lin.

Pour un chouette t-shirt aux couleurs joyeuses, rendez-vous au **Comptoir des îles** *(rue de la Liberté).*

Les parents aimant les jolis vêtements pour leurs enfants seront comblés chez **Pomme** *(rue de l'Anguille).*

Autour de la marina, plusieurs belles boutiques ont été aménagées et vous aurez l'embarras du choix parmi les robes, paréos, jupes et chandails, bien adaptés au climat antillais.

À la recherche d'un maillot de bain dernier cri? Vous pouvez faire un saut chez **Canicule Beach Wear** *(rue du Président Kennedy),* qui possède une belle sélection de modèles.

Le **marché** se tient les mercredis et samedis matin, mais plusieurs commerçants viennent tous les jours durant la saison touristique y vendre des vêtements en tout genre : maillots de bain, paréos, t-shirts, shorts, pantalons de coton, robes, bref de tout pour tous les goûts. On y trouve également une fort belle collection de bijoux en coquillage, en argent ou en corail, de bibelots de toutes sortes et d'autres souvenirs.

Accessoires

Que pourrions-nous dire qui n'ait pas déjà été dit sur **Lancel** *(rue du Général de Gaulle),* aussi connu pour ses sacs de cuir que pour sa magnifique sélection d'accessoires.

Des ceintures, des sacs, des bijoux rigolos, voilà un bref échantillon des petits trésors qui plaisent à tous et que vous pourrez dénicher à la boutique **Vie Privée** *(près de la marina).*

Bijoux

Plusieurs boutiques à Saint-Martin regorgent de fabuleux bijoux Cartier, de vases en cristal de Lalique ou de Daum et de maroquineries de grande qualité. Même si vous ne comptez rien acheter, une visite en ces lieux est un véritable plaisir pour les yeux. Parmi les plus belles d'entre elles, mentionnons **Goldfinger** *(marina Port la Royale)*, **Carat** *(rue de la République),* **Cartier** *(rue de la République),* **La Romana** *(rue de la République)* et **Little Switzerland** *(rue de la République)*.

D'autres boutiques proposent des collections de bijoux de nacre, de coquillage ou d'argent, plus accessibles, notamment **Passions** *(rue du Général de Gaulle, près de la marina)*.

Vous trouverez chez **Schéhérazade** *(rue du Général de Gaulle)* des colliers et bracelets de corail très coquets, dont les prix ne vous ruineront pas. Certains bijoux en or sont plus chers.

Parfums et cosmétiques

Les prix des produits de beauté et des parfums sont tout à fait comparables à ceux que l'on retrouve au Canada et en Europe. Il n'y a donc pas d'aubaine à profiter ici. Mais vous pouvez allez voir chez **Lipstick** *(rue du Président Kennedy et rue de la République)* ou chez **Beauty and Scents** *(rue du Général de Gaulle)*.

Épicerie

Pour vos emplettes, que vous vouliez du saucisson, des plats surgelés, des biscuits ou toute autre denrée alimentaires, rendez-vous à l'hypermarché **Match** *(route en direction de Grand Case)*.

Vins et spiritueux

Pour une étonnante collection de grands crus et de vins plus accessibles, vous devez aller fouiner au **Goût du vin** *(rue de l'Anguille)* : vous y dénicherez sans nul doute de quoi combler vos papilles.

Souvenirs et cadeaux

Si vous désirez en connaître plus sur un des artistes les plus réputés de Saint-Martin, vous devez faire un arrêt à la **Galerie de Roland Richardson** *(rue de la République)*, où sont exposées et vendues quelques-unes des œuvres du peintre.

Chez Minguet *(rue de la Liberté)*, vous pourrez vous laisser séduire par les toiles de l'artiste A. Minguet.

Meubles anciens et objets d'art assez jolis pour faire craquer n'importe qui : voilà quelques-unes des tentations auxquelles vous céderez chez **Mahogany**.

L'artisanat créole, les porcelaines ou la dentelle sont autant de petits cadeaux que l'on peut trouver aux boutiques **Paris art et cadeaux** *(rue du Président Kennedy)*, **Primavera** *(rue du Général de Gaulle)* et **Papagayo** *(rue du Général de Gaulle)*.

Les personnes à la recherche de friandises seront comblées chez **Sweet** *(rue du Général de Gaulle).*

Articles de sports

Pour des articles de sport en tout genre, **Team Number One** *(rue du Palais de justice)* est une bonne adresse à connaître à Marigot.

Baie Nettlé

Un petit centre commercial s'est développé non loin des complexes hôteliers de Baie Nettlé et répond à certains besoins des vacanciers. Outre deux petits restaurants pour le petit déjeuner, on y trouve une **épicerie** bien approvisionnée (vins, pâtisseries, produits surgelés, biscuits, croustilles) ainsi qu'une petite **boutique de livres, journaux et magazines**.

Grand Case

Vêtements

PEER présente quelques beaux articles pour la plage, notamment des vêtement, des sacs, des serviettes et des maillots de bain.

Journaux et magazines

Sur le boulevard Grand Case, à côté du Fish Pot, vous pourrez faire provision de magazines et de journaux à la boutique **Paragraphe**.

Souvenirs et cadeaux

Graffiti *(boulevard de Grand Case)* est un petit commerce où s'entassent pêle-mêle des statuettes colorées, des t-shirts rigolos, des bibelots et mille et un petits souvenirs antillais.

La mignonne boutique **Sexy Fruits** *(boulevard de Grand Case)* est l'endroit où aller si vous désirez acheter un chapeau de paille, un t-shirt, un bijou en argent ou un paréo.

Épicerie

L'épicerie **Tony's** *(boulevard Grand Case, en face du restaurant California)* n'a rien d'un hypermarché, mais vous y trouverez de quoi vous dépanner : eau, biscuits et autres denrées alimentaires.

Anse Marcel

Vêtements

Chez **Art Caraib**, vous ne trouverez pas de vêtements extravagants, mais plutôt une très belle collection de paréos en soie, de foulards de toutes sortes et de robes de coton.

Souvenirs et cadeaux

Pour des bijoux en corail bleu ou rouge, des statuettes de nacre, ou pour toute autre sorte de petits trésors qui rendent la vie plus belle, il faut faire un arrêt chez **Schéhérazade**.

Articles de sport

Budget Marine ravira les amateurs de sports nautiques, car on y vend des accessoires de tout genre, allant de l'équipement de plongée et de pêche aux boussoles en passant par les gilets de sauvetage.

  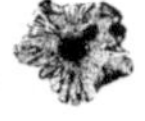

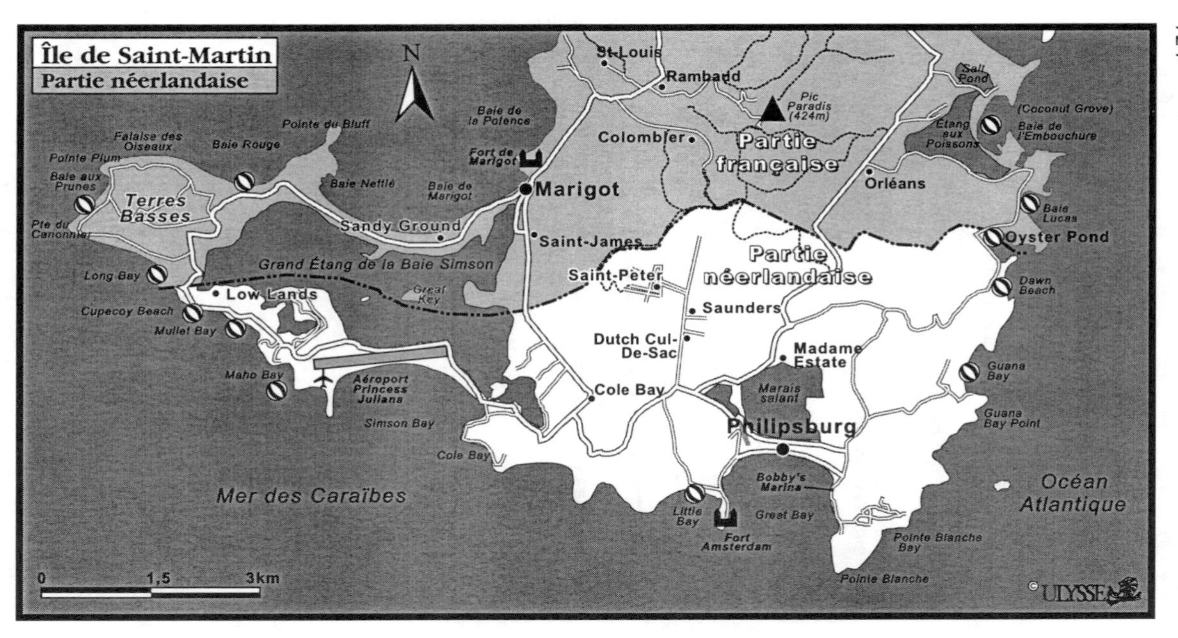
Île de Saint-Martin
Partie néerlandaise
N
St-Louis
Rambaud
Pic Paradis (424m)
Partie française
Colombier
Marigot
Saint-James
Orléans
Salt Pond
Étang aux Poissons
(Coconut Grove)
Baie de l'Embouchure
Baie Lucas
Oyster Pond
Dawn Beach
Partie néerlandaise
Saint-Peter
Saunders
Dutch Cul-De-Sac
Madame Estate
Cole Bay
Marais salant
Philipsburg
Guana Bay
Guana Bay Point
Bobby's Marina
Great Bay
Little Bay
Fort Amsterdam
Pointe Blanche Bay
Pointe Blanche
Océan Atlantique
Baie de la Potence
Fort de Marigot
Baie de Marigot
Pointe du Bluff
Baie Rouge
Falaise des Oiseaux
Pointe Plum
Baie aux Prunes
Pte du Canonnier
Terres Basses
Baie Nettlé
Sandy Ground
Grand Étang de la Baie Simson
Great Key
Long Bay
Low Lands
Cupecoy Beach
Mullet Bay
Maho Bay
Aéroport Princess Juliana
Simson Bay
Cole Bay
Mer des Caraïbes
0
1,5
3km
© ULYSSE

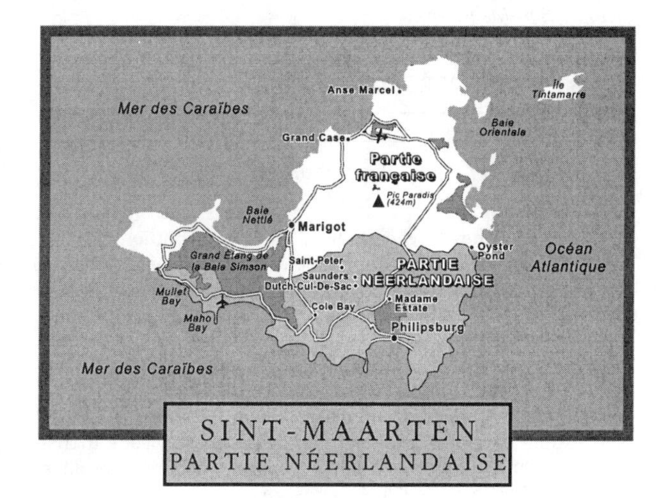

SINT-MAARTEN
PARTIE NÉERLANDAISE

Le sel est à l'origine de l'histoire de Sint-Maarten. Déjà, les Arawaks dénommaient l'île de Saint-Martin *Sualouiga*, qui signifie «terre de sel». C'est d'ailleurs cette substance blanche qui attire l'attention des premiers conquérants néerlandais, qui s'y installent en 1631 avec l'intention de l'exploiter. Jusqu'au XXe siècle, cette exploitation, très dure pour les ouvriers, fait la fortune des Néerlandais, qui sont les seuls à pouvoir extraire le sel de la Grande Saline (Great Pond). En bordure de ce marais salant, Philipsburg se développe. Dans cette ville commerciale par excellence, de luxueuses boutiques assurent du travail à nombre de personnes. Puis, dans les années soixante-dix, c'est au tour des villages touristiques (Mullet Bay, Oyster Pond) de voir le jour; grâce à leurs plages magnifiques, ils séduisent une foule de visiteurs qui y viennent année après année.

POUR S'Y RETROUVER SANS MAL

En voiture

Très peu de routes traversent les 33 km² de la portion néerlandaise de l'île. La plupart sont en relativement bon état, mais ici et là quelques trous incommodent la conduite. L'aspect le plus dérangeant demeure cependant la signalisation routière, souvent déficiente, voire inexistante. Il faut donc être très attentif.

Au départ de l'aéroport Princess Juliana, il n'existe qu'une seule route en direction ouest. Elle passe par le village touristique de Mullet Bay et va jusqu'à Cupecoy, puis pénètre dans la portion française de l'île à Terres Basses.

Si vous désirez vous rendre à Philipsburg (située à 10 km de l'aéroport), toujours en partant de l'aéroport, il faut emprunter la même route, mais cette fois en direction est. Avant d'arriver à la ville, la route bifurque, la voie de droite se rendant au centre-ville et celle de gauche contournant le marais salant (Great Pond) vers l'intérieur des terres, dans les hameaux de Madame Estate et de Saunders.

Pour se rendre aux plages Dawn Beach et Oyster Pond, il faut suivre la route principale (celle vers Madame Estate) et prendre les embranchements respectifs vers ces sites.

Location de voitures

Aéroport Princess Juliana

Avis : ☎52-316
Budget : ☎54-030
Europcar : ☎42-168
Hertz : ☎54-541
Safari : ☎53-186
Sandyg : ☎53.335

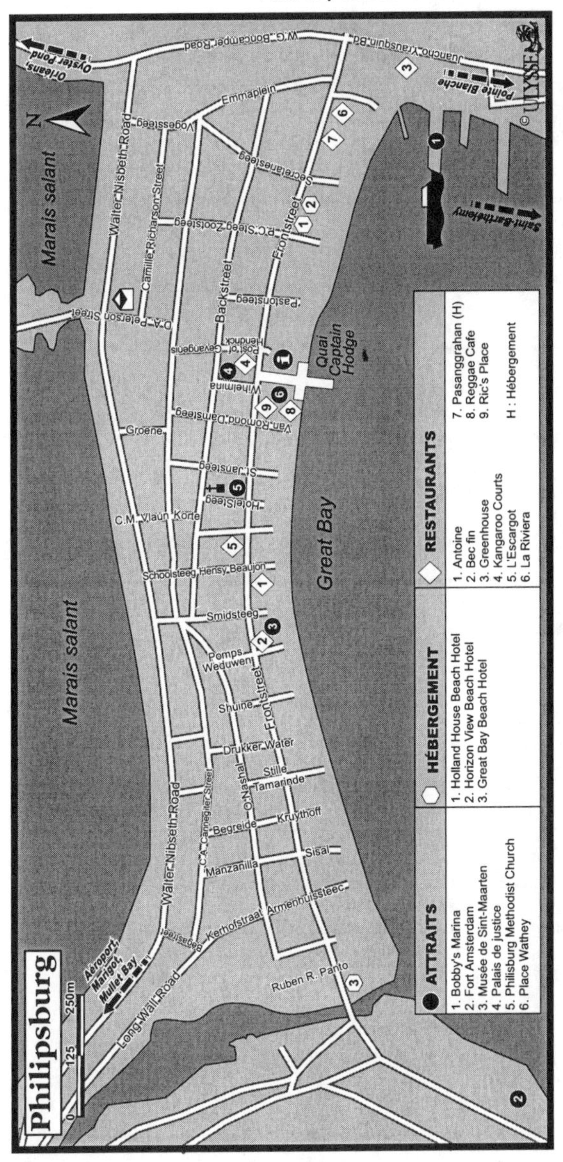
Philipsburg
0
125
250m
N
Marais salant
Marais salant
Great Bay
Quai Captain Hodge
Aéroport, Marigot, Mullet Bay
Orléans, Oyster Pond
Pointe Blanche
Saint-Barthélemy
Walter Nisbeth Road
Walter Nibseth Road
Long Wall Road
Ruben R. Panto
Kerhofstraat
Armenhuissteeg
Begasteeg
C.A. Cannegieter Street
O. Nashal
Front Street
Frontstreet
Backstreet
Manzanilla
Sisal
Begreide
Kruythoff
Tamarinde
Stille
Drukker Water
Shuine
Pomps Weduwen
Smidsteeg
Schoolsteeg Hensy Beaujon
C.M. Vlaun Korte
Hotelsteeg
St. Jansteeg
Groene
Van Romond Damsteeg
Wilhelmina
Post of Gevangenis
Hendrick
Pastorsteeg
D.A. Peterson Street
Camille Richardson Street
R.C. Sleeg Zootsteeg
Secretariesteeg
Vogessteeg
Emmaplein
W.G. Buncamper Road
Juancho Yrausquin Bd.
© ULYSSE
ATTRAITS
1. Bobby's Marina
2. Fort Amsterdam
3. Musée de Sint-Maarten
4. Palais de justice
5. Philisburg Methodist Church
6. Place Wathey
HÉBERGEMENT
1. Holland House Beach Hotel
2. Horizon View Beach Hotel
3. Great Bay Beach Hotel
RESTAURANTS
1. Antoine
2. Bec fin
3. Greenhouse
4. Kangaroo Courts
5. L'Escargot
6. La Riviera
7. Pasanggrahan (H)
8. Reggae Cafe
9. Ric's Place
H : Hébergement

En taxi

Vous n'aurez aucun mal à vous rendre de l'aéroport à Mullet Bay ou à Philipsburg en taxi, les voitures étant nombreuses.

Aéroport : la station de taxis fait face à la porte de sortie.

Philipsburg : la station se trouve sur Frontstreet, à côté du quai.

En autobus

Les bus qui sillonnent la route principale sont relativement fréquents, et durant le jour vous ne devriez pas avoir de mal à vous rendre à l'aéroport, à Mullet Bay, à Philipsburg, à Marigot ou à la baie Orientale. Il peut être plus malaisé d'accéder aux petites plages isolées.

Philipsburg : vous trouverez des arrêts sur Backstreet.

RENSEIGNEMENTS PRATIQUES

Bureau de renseignements touristiques

St. Maarten Tourist Bureau : 23 Walter Nisbeth Road, Philipsburg, ☎22-337, ⇌22-734.

Banques

Bank of Nova Scotia : Backstreet, Philipsburg, ☎24-262.

Barclays Bank : Frontstreet, Philipsburg, ☎22-567.

Chase Manhattan Bank : Philipsburg, ☎23-801.

Bureau de poste de Philipsburg

Lun-jeu 7h30 à 17h, ven 7h30 à 16h30; angle des rues Vlaun et Richardson, ☎22-289.

Santé

Hôpital, Cay Hill, ☎31-111.

Pharmacie, Central Drugstore, Philipsburg, ☎22-321.

Urgence, ☎22-112.

Ambulance, ☎22-111.

ATTRAITS ET PLAGES

Dans la portion néerlandaise de l'île, on ne trouve qu'une seule ville d'importance, Philipsburg, cœur de l'activité économique, autour de laquelle nombre de quartiers résidentiels ont poussé. Philipsburg mérite une visite certes, mais ce n'est pas vraiment pour elle qu'on se rend à Sint-Maarten, mais bien pour les villages touristiques (Oyster Pond, Mullet Bay) qui ont été bâtis au bord de superbes plages de sable doré. Nous vous proposons une balade qui vous mènera dans les plus beaux recoins de cette terre néerlandaise des Antilles.

Philipsburg

Fondée en 1763 par le commandant John Philips, **Philipsburg ★** a été érigée sur une mince bande de terre, bordée par la Great Bay d'un côté et par un vaste marais salant de l'autre, Great Pond. Cependant, bien avant cette date, soit en 1631, les Hollandais avaient voulu tirer parti de ce site avantageux (et des immenses réserves de sel de Great Pond) et s'y étaient installés. Afin de protéger les premiers colons, un fort, **Fort Amsterdam ★**, y fut même érigé, à l'extrémité est de la baie, à Little Bay.

Philipsburg Methodist Church

Ce fort ne résista toutefois guère longtemps, car, à peine deux ans plus tard, des soldats espagnols le conquéraient, et une importante garnison chargée de protéger les bateaux espagnols naviguant dans la région s'y installait. Peu à peu, ce choix stratégique n'apparut pas aussi judicieux que le croyaient les autorités espagnoles et, en 1648, elles décident d'abandonner Saint-Martin, laissant derrière elles un fort détruit. Cette même année, des Hollandais reprennent possession d'une partie de l'île. Le fort est reconstruit peu de temps après et il servit à protéger le territoire jusqu'au XIXe siècle. Il est possible aujourd'hui de visiter les ruines de Fort Amsterdam. Si vous vous y rendez, vous bénéficierez en outre d'une vue magnifique sur la ville.

Du matin au soir, Philipsburg la trépidante est prise d'assaut par une foule joyeuse de visiteurs débarquant des bateaux de croisière venus jeter l'ancre dans la baie, ou arrivant des villages touristiques des alentours. Ils y viennent tous pour magasiner dans les boutiques, qui proposent une incroyable variété de marchandises. Essentiellement concentrées sur Frontstreet, les boutiques se succèdent et, pour allécher les visiteurs, les commerçants ne tarissent pas d'aubaines toutes plus tentantes les unes que les autres. Pour certains, à midi, alors que le soleil est au plus fort, Philipsburg peut sembler infernale, mais pour ceux qui aiment l'animation et la cohue, elle a un certain charme.

Parmi ce foisonnement de vitrines qui regorgent de bijoux en or, de produits de beauté et de bouteilles d'alcool, et de cette ribambelle d'enseignes, se distinguent quelques jolies maisonnettes aux couleurs pastel. En vous baladant dans la rue, vous remarquerez la **Philipsburg Methodist Church** dont la façade est fait d'«essentes» (clins de bois) et qui se dresse joliment entre les rues Hotelsteeg et St. Jansteeg.

À quelques pas de là, face au quai et à la place Wathey, vous apercevrez le beau bâtiment blanc qui abrite la **Courthouse ★**. C'est en 1792 que le commandeur de Sint-Maarten, Mr. Willem Hendrik Rink, ordonne la construction de ce bâtiment, car jusque-là, il exerçait sa fonction dans sa maison personnelle, qui était située à Cul-de-Sac, soit à une grande distance de Philipsburg. C'est l'architecte John Handleigh qui fut choisi et, l'année suivante, en 1793, la Courthouse vit le jour. Les murs étaient en pierre, et l'intérieur comprenait diverses pièces dont un bureau pour le secrétaire du gouverneur ainsi que quelques cellules pour les prisonniers. Le bâtiment fut malheureusement endommagé par un ouragan en 1819, et il fallut attendre l'année 1826 avant que l'édifice ne soit réparé. Des modifications furent alors apportées, et un petit clocher fut ajouté. Le bâtiment, qui aujourd'hui est en quelque sorte le symbole de l'île, a au fil des ans servi successivement de caserne de pompiers, de prison puis finalement de bureau de poste.

Enfin, si vous êtes curieux d'en apprendre un peu plus sur les premiers habitants de l'île, les Arawaks, vous pouvez vous rendre au **Sint-Maarten Museum** *(2$US; fermé dim)*, qui loge en plein cœur de la ville, à l'étage d'une maison toute simple. Il renferme notamment quelques objets arawaks (dont trois originaux), qui ont été découverts lors de fouilles dans la région de Mullet Bay.

Après avoir arpenté Frontstreet et affronté ses innombrables commerçants, si vous êtes en quête d'un peu de calme, rendez-vous au quai de la ville, à **Wathey Square**, et, auprès des flots apaisants, vous pourrez profiter de quelques minutes d'une tranquillité relative.

Courthouse

Le marais salant (**Great Pond**) situé au nord de Philipsburg a été exploité jusqu'en 1949. Le sel extrait était en grande partie exporté vers les États-Unis et assurait un travail à nombre de Saint-Martinois. Une importante crise suivit la cessation de l'exploitation, et plusieurs habitants se retrouvant sans ressources n'eurent d'autre choix que d'émigrer vers des îles ou des pays plus prospères. Aujourd'hui, le marais attire essentiellement quelques curieux et surtout les oiseaux, notamment des hérons.

Si votre balade vous entraîne à l'extrémité est de la ville, vous découvrirez la **Bobby's Marina**, où nombre de bateaux viennent jeter l'ancre. C'est également d'ici que partent les croisières pour Saint-Barthélemy (voir p 151). La route continue ensuite vers le sud et se prolonge jusqu'à Pointe Blanche. Dans ce secteur de la ville se regroupent quelques hôtels et restaurants.

Aux environs de Philipsburg

Sint-Maarten, bien qu'elle occupe un territoire plus petit que Saint-Martin, est plus peuplée, et la majeure partie de ses habitants résident aux alentours de Philipsburg. En arrivant aux abords de la ville, vous serez peut-être surpris par le nombre de maisonnettes modestes qui semblent tenir tant bien que mal sur leurs fondations. Contrastant avec les splendides demeures que l'on peut apercevoir le long des côtes, ces maisons sont souvent le refuge de jeunes travailleurs ou d'ouvriers plus ou moins légaux qui se sont installés dans l'île avec l'espoir d'y gagner leur vie. Il faut vous dire que l'ouragan Luis a fait des dégâts importants dans ces quartiers, et encore aujourd'hui vous constaterez que les plaies n'ont pas toutes été soignées.

Les Arawaks

Comme les autres îles des Petites Antilles, l'île de Saint-Martin fut peuplée, il y a fort longtemps, par les Arawaks (voir p 19). Ces Amérindiens vivaient dans une société hiérarchisée et avaient leurs propres mythes et croyances religieuses. Habiles, ils façonnaient divers objets de pierre pour l'exercice de leur culte, dont plusieurs ont été retrouvés dans les Grandes et les Petites Antilles. On en a également retrouvé à Saint-Martin lors de fouilles faites dans des conditions plutôt inusitées.

Ainsi, les vestiges exposés au Sint-Maarten Museum ont été trouvés dans les années soixante lors de travaux d'excavation d'un hôtel à Mullet Bay. Le responsable des travaux d'alors, découvrant une grotte qui contenait des objets arawaks, en avertit les autorités hollandaises. Celles-ci prenant du temps à lui répondre, il opta, plutôt que de conserver un site d'une richesse sans pareille, de se servir de la grotte comme... fosse septique. Il économisait ainsi quelques dollars, mais quelle perte! Seules trois statuettes ont subsisté jusqu'à nos jours. Depuis lors, d'autres fouilles archéologiques ont été entreprises à Saint-Martin afin d'en connaître davantage sur les peuples précolombiens qui vécurent dans l'île.

En suivant la route qui grimpe dans les collines situées au nord de Philipsburg, vous traverserez les quartiers de **Dutch Cul De Sac** et de **St. Peters**, composés de quantité de maisonnettes serrées les unes contre les autres pour occuper, semble-t-il, au maximum l'espace disponible. Essentiellement résidentiels, ces quartiers ont somme toute peu d'intérêt à offrir aux visiteurs.

En suivant la route principale, après avoir longé le Great Pond, vous arriverez dans le quartier de **Madame Estate**. C'est là que se trouve le **Sint-Maarten Zoo** *(lun-ven 9h à 18h, sam-dim 10h à 18h; ☎22-748)*, où vous pourrez observer quelques espèces animales vivant dans les Caraïbes et en Amérique du Sud. De plus, un jardin botanique y a été aménagé.

À l'ouest de Philipsburg

Environ 5 km à l'est de Philipsburg débute le Grand Étang de la Baie Simson; c'est dans ce secteur qu'est concentré l'essentiel de l'activité touristique de la partie néerlandaise de l'île. Tout le long de la route, vous croiserez des hôtels confortables dont plusieurs ont été convertis en appartements de type «temps partagé», tous étant bâtis non loin de l'aéroport et au bord de belles plages.

Si vous désirez vous rendre au village touristique de Mullet Bay en partant de Philipsburg ou de l'aéroport, empruntez la route principale vers l'est.

Parmi les sites hôteliers de cette portion de l'île, le village touristique de **Mullet Bay ★**, composé d'une succession d'hôtels, de restaurants, de casinos, de bars en plein air, de discothèques et de boutiques, en constitue le centre d'action. Les visiteurs logeant dans les hôtels environnants s'y rendent nombreux pour profiter de longues plages de sable (Maho Beach, Mullet Bay et Cupecoy Beach) et de l'animation joyeuse qui y règne.

Les complexes hôteliers sont nombreux dans ce secteur de l'île et, bien que ses plages ne comptent pas parmi les joyaux de l'île, elles ont de quoi combler les attentes des visiteurs en mal de sable fin et de flots invitants. **Maho Beach** et **Mullet Beach**, toutes deux bordées d'établissements hôteliers et de condos, sont fréquemment envahies et, à certaines heures, il peut sembler difficile d'y dénicher un espace pour étendre sa serviette; on les visitera surtout pour jouir d'une ambiance de fête et pour voir et être vu. Maho Bay attire également certains curieux venus observer l'atterrissage des Boeing 747, car l'aéroport est situé dans le prolongement de la plage.

Un peu à l'écart, **Cupecoy Beach**, avec ses falaises au pied desquels se cache une bande de sable doré, présente un visage quelque peu différent. L'endroit est plaisant et couru, aussi n'y serez-vous pas seul.

À l'est de Philipsburg

En poursuivant votre route vers l'est, passé Philipsburg, vous pénétrerez à l'intérieur des terres et traverserez quelques modestes bourgs sans charme particulier. Le long de la route, soyez toutefois attentif car vous croiserez des chemins menant aux sites de Guana Bay, de Dawn Beach et d'Oyster Pond, où se trouvent quelques beaux complexes hôteliers ainsi que de magnifiques plages.

En partant de Philipsburg, suivez la route principale en direction est. À peine quelques kilomètres après avoir quitté la ville, vous croiserez une petite route qui se rend à Guana Bay.

Des routes en lacets serpentent à travers les collines peu escarpées qui dominent cette région. Peu à peu, vous constaterez que les modestes maisons de bois se font plus rares et font place à de splendides résidences. Plus vous approcherez de l'océan, plus ce contraste sera saisissant. **Guana Bay** se présente comme un joli hameau composé de quelques riches et somptueuses demeures, qui ont été construites sur les collines de façon à dominer les flots bleutés. Une petite plage de sable complète ce tableau invitant.

Il n'y a pas de route reliant directement Guana Bay à Dawn Beach. Pour accéder à cette dernière, vous devrez revenir sur vos pas, reprendre la route principale en direction est et emprunter le second embranchement en direction de l'océan.

Une première route descend le long de la falaise abrupte et se rend à un petit stationnement public bordant la magnifique plage **Dawn** ★. À une extrémité de ce beau croissant de sable doux, il vous sera possible de vous installer confortablement, car des chaises et des parasols sont en location. En outre, un petit resto-bar, pourvu de longues tables de bois, est l'occasion de se désaltérer un brin, avant de poursuivre sa séance de bronzage. À l'autre extrémité, le complexe hôtelier Dawn Beach (voir p 142) a été bâti.

D'Oyster Pond, on peut accéder à la plage Dawn en bateau-taxi pour la somme de 2$US.

La **baie d'Oyster Pond ★★** a la particularité d'être divisée entre la France (Saint-Martin) et la Hollande (Sint-Maarten), mais vous passerez d'un côté à l'autre sans être dérangé car aucun poste-frontière ne les sépare. Cette jolie baie a d'ailleurs été exploitée d'un côté comme de l'autre.

En descendant la route très abrupte qui mène à la plage, vous remarquerez que la baie d'Oyster Pond est presque entièrement entourée de collines; seul un étroit passage la relie à l'océan Atlantique, lui donnant des allures de petit lac intérieur. Ce plan d'eau peu agité s'est d'ailleurs avéré idéal pour le mouillage des bateaux, et une marina y a été construite pour les accueillir. Oyster Pond attirant ainsi les amateurs de sports nautiques, quantité de complexes hôteliers confortables y ont été établis.

ACTIVITÉS DE PLEIN AIR

Plongée sous-marine et plongée-tuba

Non loin des côtes de Sint-Maarten se sont développés des récifs de corail où les amateurs de plongée-tuba pourront s'en donner à cœur joie. C'est du côté néerlandais que l'on compte le plus grand nombre de sites de plongée; les endroits les plus réputés sont notamment situés au large des plages de Maho Bay et Dawn. D'autres sites n'intéresseront pas les plongeurs pour leurs coraux, mais bien pour leurs épaves. Ainsi, les plongeurs peuvent descendre observer les restes du navire anglais *HMS Proselyte*, qui a coulé en 1801 et qui gît au large de Great Bay; d'autres préféreront voir l'épave du remorqueur se trouvant au large de Mullet Bay. Autour de ces charpentes, quantité de poissons évoluent.

Oceans Explorer : Simson Bay, ☎ 44-252, ⇄44-357.

Dive Safari : Bobby's Marina, Philipsburg, ☎26-024.

Voile

La marina d'Oyster Pond est l'endroit par excellence pour voir voguer de beaux voiliers. Si l'expérience vous tente, vous pourrez prendre part à une escapade, des excursions de voile étant organisées par :

Ulti-Mate : Oyster Pond. Excursions : de 30$US à 65$US.

Randonnée pédestre

Si l'envie vous prend de vous dégourdir les jambes, vous pouvez envisager l'ascension de la **Cole Bay Hill**, une petite colline située à l'ouest de Philipsburg. L'excursion dure environ une heure et vous entraîne au sommet, où une plateforme d'observation vous révèle un panorama splendide. Apportez-vous de l'eau et prévoyez faire l'excursion le matin, alors que le soleil ne chauffe pas trop fort.

HÉBERGEMENT

Philipsburg

Au cœur de la trépidante ville de Philipsburg, le **Horizon View Beach Hotel** *(100$US; ≡; ℜ, ℂ; 39 Frontstreet, ☎32-120, ⇒20-705)*, d'aspect plutôt tristounet, met de petits appartements à la disposition des voyageurs. Les plus confortables ont une belle vue sur les flots. Bien que l'hôtel se trouve au centre de l'animation, les chambres sont calmes.

À deux pas du Horizon View se dresse le **Holland House Beach Hotel** *(140$US; ℂ; Frontstreet; ☎22-572, ⇒24-673)*, qui a également l'avantage d'être construit directement sur la plage. Au cœur de l'animation et sans profiter d'un site paradisiaque, il a cependant une allure proprette, un peu plus plaisante que son voisin. Les chambres sont correctes.

Le **Pasanggrahan** *(128$US; ℜ, ⊗; Frontstreet, P.O. Box 151, ☎23-588, ⇌22-885)* fait figure d'exception à Sint-Maarten. Aucune comparaison avec les hautes tours modernes : on a plutôt cherché à donner à l'endroit un cachet unique. La première pièce que l'on découvre, le hall, est aménagée dans une belle demeure de style colonial et est joliment garni de meubles anciens. Les chambres, pour leur part, se trouvent dans deux bâtiments construits directement sur la plage. Le plus ancien des deux, également de style colonial, renferme des chambres mignonnes dotées de beaux volets de bois et de meubles de rotin. Le second, plus récent, présente un décor et un confort un peu plus moderne. Outre le bel aménagement des lieux, on ne peut qu'être séduit par la gentillesse de l'accueil, le restaurant aménagé au bord de l'eau (voir p 144) et l'accès direct à la plage. Un petit désavantage, il est situé sur Frontstreet, mais sur une portion plus calme de cette rue commerciale.

On pourrait être surpris de constater la présence d'un grand complexe hôtelier, aux frontières de Philipsburg, le **Great Bay Beach Hotel** *(200$; ℜ, ≈, ≡, ⊘; Little Road Bay, ☎22-446, ⇌22-859)*. Dans cet environnement au calme relatif, dû à la proximité de l'animation incessante de la ville, s'élèvent ses bâtiments de six étages aux couleurs pastel et au charme désuet. Certes, les visiteurs profitent de chambres tout à fait convenables et d'une belle plage de sable, mais le site n'a rien d'enchanteur.

Mullet Bay, Maho Beach, Cupecoy Beach

Une série de boutiques, de complexes hôteliers, de bars, de restaurants et de casinos font de Mullet Bay et de ses environs l'un des centres touristiques les plus animés de l'île. Cette région touristique reçoit chaque année quantité de visiteurs qui viennent s'y reposer et s'y amuser. Un seul inconvénient : au bout de la plage s'étend la piste d'atterrissage de l'aéroport Princess Juliana, ce qui affecte souvent la tranquillité du site.

Ces dernières années, plusieurs complexes hôteliers de cette zone touristique ont été transformés en de confortables appartements, loués selon la formule du «temps partagé» et que nous nommerons «club privé» afin de les distinguer. Si vous ne désirez pas devenir un de ces membres, il peut être quand même possible de loger dans certains d'entre eux, car à l'occasion ces appartements sont mis en location. Nombre d'entre eux sont offerts au prix de 225$US par nuitée, mais souvent il est possible d'obtenir un meilleur tarif. Cette formule privée ne nous permet pas de visiter et de décrire l'intérieur de ces sites, c'est pourquoi nous ne vous donnerons qu'une courte description des lieux.

En descendant de l'avion, vous verrez tout de suite le **Mary's Boon** *(125$US; ⊗, ℜ, ℂ; 117 Simson Bay Rd., ☎54-235, ⇄53-403)*, car il a été bâti tout juste à côté de la piste. Il s'agit là d'un inconvénient majeur certes, mais il propose 14 chambres décorées avec goût qui donnent directement sur une magnifique plage. Une attention particulière est apportée au service, toujours affable.

L'**Atrium Resort** *(180$US; ≡, ≈, ℜ; Pelican Rd., ☎42-125, ⇄42-128)* est l'un des élégants complexes hôteliers construits au bord de Simson Bay. Décoré avec bon goût et comportant moins de 100 chambres, ce complexe est parfait si vous cherchez un endroit paisible pour vous reposer. Il ne dispose pas de centre d'activités sportives, mais les clients de l'hôtel ont accès aux installations du Pelican Resort and Casino (voir ci-dessous).

Le **Pelican Resort and Casino** *(200$US; ℜ, ≈, ≡; P.O. Box 431, Philipsburg, ☎42-503)* est situé à l'extérieur du village touristique de Mullet Bay, près de Philipsburg. Construit au bord de la route dans un site qui n'a rien d'enchanteur, il vous paraîtra moins attrayant, d'autant plus que son bâtiment est d'aspect vieillot. Il propose cependant des chambres plutôt confortables.

Parmi les grands complexes hôteliers installés au bord de cette belle baie de sable blanc, s'élève le **Maho Beach Hotel and Casino** *(215$US tout compris; ≈, ℜ, ≡; Maho Bay, ☎52-115, ⇄53-180)*, haut de 8 étages et renfermant pas moins de 615 chambres. Tout est ici pensé en fonction des visiteurs, qui profitent d'une gigantesque piscine autour de laquelle se trouve un bar où vous pourrez prendre un verre assis dans l'eau ainsi que de courts de tennis et, bien sûr, d'un casino. L'endroit est animé, n'a rien d'une auberge et procure un excellent confort.

À Maho Beach, deux établissements hôteliers formaient jadis le cœur de ce village touristique, le Maho Beach Hotel et le **Royal**

Islander Club *(club privé; P.O. Box 2000, Philipsburg, ☎52-388, ⇄53-495)*. Ce dernier est désormais converti en club privé. Cet édifice haut de plusieurs étages, construit il y a plusieurs années déjà, a des allures quelque peu surannées. Il se dresse directement au bord d'une belle plage de sable fin.

Le **Royal Palm Beach Club** *(club privé; ☎43-737)* s'élève le long de la route reliant Mullet Bay et baie Nettlé du côté français. De hautes tours modernes, dont le stationnement était encore en construction lors de notre passage, s'élèvent sur la côte, de sorte qu'une partie des appartements ont une vue sur les flots.

Non loin se dresse le **Cupecoy Beach Club** *(club privé; ☎52-243)*. Il profite d'un site calme et retiré n'ayant pour tout voisin que de vastes terrains peu habités. Il a l'avantage de se trouver à deux pas de la plage Cupecoy.

Le site de **Towers at Mullet Bay** *(club privé; ☎53-069)* comprend quelques tours modernes et d'allure un peu froide qui manquent de charme. Erigé à courte distance de la plage, mais à l'intérieur des terres, il n'a, pour toute vue, que des champs s'étendant à l'horizon.

Little Bay

À côté de Philipsburg, s'étend Little Bay, une petite baie en retrait de la route, au pied de falaises escarpées, où deux hôtels ont été construits. En suivant la route en lacets qui descend au bord de la baie, vous arriverez au premier de ces établissements, le **Divi Little Bay Beach Resort** *(club privé; ☎22-233)*, dont l'aménagement soigneux fait de lui un site à la fois joli et agréable. Il comprend une série de maisonnettes, de quelques étages, érigées directement au bord de la mer, permettant ainsi aux visiteurs de jouir pleinement de la beauté de ces flots azur qui s'étendent au loin.

En revenant sur vos pas et en poursuivant votre route vers l'ouest, vous vous rendrez au second, l'**Hotel Belair** *(225$US; ≡, ℂ; P.O. Box 140, Phjilipsburg, ☎23-362, ⇄25-295)*. C'est sur un minuscule lopin de terre, en bordure de la mer, qu'il a été bâti, de telle sorte que d'un côté s'allonge la mer et de l'autre, la route. Le bâtiment, qui semble avoir vu de meilleurs jours, n'a rien de particulièrement plaisant, mais il remplit son rôle : abriter de façon respectable des vacanciers venus profiter de la plage, malheureusement bien petite. Chaque chambre possède une salle à manger et une cuisinette.

Oyster Pond

Une partie de la baie d'Oyster Pond est française et l'autre hollandaise. C'est ce qui explique que certains des prix mentionnés soient en francs et d'autres en dollars américains. **N'oubliez pas que l'indicatif régional de Saint-Martin est le 590 et celui de Sint-Maarten le 599-5.**

Les personnes cherchant à se loger à Oyster Pond apprécieront le **Sol Hotel** *(3 500F par semaine; ≡; Oyster Pond n° 38, 97150, ☎05.90.29.38.00, ⇄05.90.87.32.23)*, situé non loin de la baie. Son bâtiment blanc, mignon à souhait avec ses jolis balcons aux couleurs pastel, et bien tenu, renferme des chambres au confort adéquat.

Le **Captain's Oliver** *(660F; ≡, ℜ; Oyster Pond, 97150, ☎87.40.26, ⇄97.40.84)* forme en quelque sorte le cœur d'Oyster Pond, car il est installé au bord de la baie sur un terrain qui jouxte la marina. Les chambres sont réparties dans nombre de petits pavillons fort bien entretenus, et son restaurant, donnant directement sur la baie, est un endroit agréable pour regarder le temps filer tout en contemplant les voiliers qui partent à l'assaut des flots.

Le **Soleil de Minuit** *(170$US; ≈, ≡, ℜ; ☎87.34.66, ⇄87.33.70)* a été bâti à flanc de colline en un point d'où le regard peut aisément embrasser le spectacle de la baie. Il va sans dire que le site profite d'un calme parfait. En outre, il dispose de coquettes chambres joliment garnies de meubles de rotin. La grande terrasse, au centre de laquelle se trouve la piscine, est l'endroit par excellence pour se reposer tout en admirant la baie et son port.

Non loin de la marina, le **Colombus Hotel** *(980F; ≡, ≈, ℜ; ☎87.42.52, ⇄87.39.85)* comprend quelques bâtiments de couleur rose et bleu turquoise. L'établissement, sans être luxueux, procure un bon confort et renferme de jolies chambres qui ont pour principal avantage de posséder un agréable balcon d'où l'on peut contempler la mer.

La baie d'Oyster Pond se termine par une bande de terre qui présente une côte baignant dans les eaux de la baie et une autre dans la mer des Caraïbes. L'**Oyster Pond Beach Hotel** *(170$US pdj; ≈, ≡, ℜ; B.P. 239, Oyster Pond, ☎22-206, ⇄25-695)* a bien tiré parti de sa situation géographique, les plus beaux bâtiments étant érigés sur cette langue sablonneuse. Ainsi, les vacanciers qui y logent peuvent profiter des deux panoramas, selon qu'ils se trouvent à l'avant ou à l'arrière de l'immeuble. Les chambres sont très confortables.

Le **Mississippi** *(520F; ≈, ≡, ℜ; Oyster Pond, 97150, ☎87.33.81, ⇄87.33.52)* est construit sur les collines entourant la baie d'Oyster Pond. Les chambres, dotées d'une jolie terrasse de bois, surplombent la baie, permettant aux visiteurs de jouir pleinement de ce beau paysage. Avec la mer à son pied, en retrait de la baie, l'hôtel bénéficie du paysage sans être perturbé par l'animation de la marina.

L'hôtel **Dawn Beach** *(280$US tout compris; ≈, ℜ, ≡; B.P. 389, Oyster Pond, ☎22-929, ⇄24-421)* a été érigé dans un site exceptionnel, sur une anse que lui seul occupe, au bord d'une très belle plage de sable fin où poussent des raisiniers. Il propose une série de jolis bungalows de bois qui sont répartis dans tous les coins d'un vaste jardin, de sorte que les clients ne se marchent pas sur les pieds. Isolé des autres lieux d'hébergement, cet hôtel constitue un véritable havre de tranquillité.

RESTAURANTS

Philipsburg

Sans doute pour répondre aux besoins des voyageurs pressés, Philipsburg est l'endroit sur l'île où vous trouverez la plus grande concentration d'établissements de restauration rapide, tels les Kentucky Fried Chicken, Burger King et Pizza Hut. Au centre-ville, près du quai, on retrouve des étals où l'on vend saucisses, mets mexicains et hamburgers qu'on doit consommer debout. Les personnes disposant de plus de temps peuvent, pour leur part, manger à l'un des nombreux restaurants de la ville. Les kiosques d'information touristique vous renseigneront bien sur les différents établissements de la ville, et surtout, on vous y remettra sans doute quelques coupons-rabais vous permettant de bénéficier d'une réduction sur un plat ou sur une boisson.

Le menu du **Ric's Place** *($-$$; 69 Frontstreet, à deux pas du Wathey Square, ☎26-050)* n'a rien d'innovateur, mais ce restaurant est tout à fait adéquat si vous désirez prendre quelques instants de répit, le temps d'avaler un hamburger ou un *chili con carne*. Outre des plats copieux, il offre une jolie vue sur les flots.

Le **Kangaroo Courts** *($-$$; Hendrick Straat, ☎24-278)* vous apparaîtra telle une oasis de paix. Il profite d'une magnifique cour intérieure décorée d'une profusion de plantes vertes, de tables pourvues de parasols et d'une fontaine; on s'y sent à l'abri de l'animation incessante de Frontstreet. Cet établissement présente un autre avantage de taille : il compte parmi les rares à ne pas proposer de hamburgers. Son menu affiche plutôt des plats préparés à partir d'ingrédients sains, comme des quiches, des salades et des sandwichs au poulet grillé. Bref, une des tables plaisantes où vous pourrez vous arrêter pendant quelque temps à midi avant de poursuivre voscourses.

Faisant également face à la mer, le **Reggae Café** *($$; Wathey Square)* charme ses hôtes par son ambiance détendue et sans façon, ses tables réparties sur deux terrasses (une sur chaque étage) donnant sur la mer. Il plaît aussi en raison de sa décoration, qui passe difficilement inaperçu, le bâtiment et les salles à manger arborant de belles couleurs chaudes.

En continuant sur Frontstreet, vous arriverez à la Bobby's Marina; juste en face se trouve le restaurant **Greenhouse** *($$)*. Ainsi attablé en retrait de la trépidante Frontstreet, vous jouirez d'un cadre plus calme. Le menu n'est pas très compliqué, et vous aurez le choix entre la salade de thon, les sandwichs et les hamburgers; aussi le restaurant vous plaira-t-il surtout pour son atmosphère sympathique, idéale pour les repas entre amis.

Le petit hôtel **Pasanggrahan** *($$-$$$; Frontstreet)* (voir p 138) abrite également un bon restaurant donnant directement sur le bord de mer. Dans une ambiance détendue et sans façon, vous pourrez y déguster une bonne variété de plats simples mais toujours bons, notamment des calmars frits et des côtelettes d'agneau grillées.

Les personnes voulant manger dans un bon restaurant français, qui ne sert pas d'onéreux plats extravagants, doivent aller à **La Riviera** *($$$; 16 Frontstreet)*. Son menu est toujours honnête, et l'on n'est jamais déçu par ses plats apprêtés avec attention.

L'un des bons restaurants de Philipsburg, **L'Escargot** *($$$-$$$$; Frontstreet)* a pignon sur rue depuis pas moins de 25 ans. Depuis toutes ces années, l'élégante salle à manger plaît sans nul doute, mais ce sont surtout les plats, particulièrement les escargots, qui charment les papilles de ses nombreux clients.

À Philipsburg, on trouve des adresses pour tous les goûts et, bien sûr, pour tous les budgets. Comptant parmi les bonnes tables de la ville, le **Bec fin** *($$$-$$$$; 141 Frontstreet, ☎22-976)* prépare des plats de qualité parmi lesquels figurent en bonne place les plats de poisson et de langouste. Pour répondre aux goûts de plusieurs, on y fait une cuisine traditionnelle française.

Une autre bonne adresse à retenir à Philipsburg est le restaurant **Antoine** *($$$-$$$$; 119 Frontstreet, ☎22-964)*, où l'on concocte de succulentes spécialités françaises et créoles. Parmi les plats les plus réputés de la maison, mentionnons la langouste, toujours présentée d'exquise façon. Les personnes ayant plutôt envie d'un bon plat de viande ou de volaille seront également comblées. Outre un délicieux repas, vous profiterez d'une fort jolie salle à manger s'ouvrant sur la mer. Le midi, il est également possible d'y prendre un bon repas *($$-$$$)*.

Mullet Bay, Maho Beach, Cupecoy Beach

En plein cœur du village touristique, vous apercevrez le **Cheri's Café** *($$)*. Toujours animé, l'endroit est on ne peut plus

Vue sur la rade de Gustavia (Saint-Barthélemy), où les voiliers jettent l'ancre.
-Claude-Hervé Bazin

ette barque de pêcheur fait tanguer ses belles couleurs bleue et rouge sur les eaux calmes du port de Corossol.
- L.P.

Une architectur
tout en finesse
les cases créole
de Saint-Barth
leurs coquettes
frises de bois.
- L.P.

L'une des jolies cases créoles de Saint-Barth qui s'égayent d'un jardin magnifique.
- L.P.

sympathique, et il y règne toujours une joyeuse ambiance de vacances. Les gens viennent donc nombreux sur sa terrasse pour prendre un bon repas tout en s'amusant. Au menu, on trouve de tout ou presque, hamburgers et fruits de mer s'y côtoyant.

Au bord de la route entre Philipsburg et Maho Reef, **The Globe** *($$-$$$; Airport Road, ☎42-236)* est une chouette adresse à connaître, car on y concocte de bons plats à prix raisonnable. Parmi ceux-ci, mentionnons quelques spécialités mexicaines, comme les *enchiladas* ou les *burritos*, ainsi qu'une belle variété de plats tels que les steaks, les hamburgers ou les plats du jour, toujours servis en copieuses portions. En outre, l'aménagement des lieux est plaisant et le service, courtois.

Parmi les autres restaurants du village, mentionnons le **Rumboat** *($$$)*, installé dans un chouette pavillon donnant sur la rue. Le menu, sans être très raffiné, affiche quelques bons plats de poisson et de fruits de mer grillés.

Oyster Pond

Plusieurs hôtels ont été construits sur les berges de la baie d'Oyster Pond, auxquels s'ajoutent des restaurants, mais peu offrent une carte élaborée. Ainsi, au menu du restaurant du luxueux **Oyster Pond Hotel** *($$-$$$)*, vous aurez le choix entre des *club sandwichs* et quelques plats simples de poisson.

On compte toutefois quelques bonnes tables à Oyster Pond, comme celle de l'hôtel **Captain Oliver's** *($$-$$$)*. La salle à manger est particulièrement plaisante le midi, car elle donne directement sur la mer et sur la marina. On s'y rendra d'ailleurs surtout pour profiter de cette vue splendide. Les plats, sans extravagance, sont quand même bons. Au déjeuner, des salades et des sandwichs figurent sur le menu.

Le restaurant de l'hôtel **Mississippi** *($$$)* est agréablement juché sur une colline. Ainsi, tout en savourant des plats peu compliqués mais délicieux, tel le steak grillé ou la salade de crabe, vous profiterez d'un très beau cadre.

SORTIES

Philipsburg

Le jour, Philipsburg est remplie d'une animation intense; le soir, elle attire moins les visiteurs, mais compte tout même quelques bars sympathiques.

Au centre de l'animation de Frontstreet, une adresse se démarque, le **Reggae Café** *(Wathey Square)*, érigé au bord de la mer. L'endroit est tout indiqué pour prendre un verre dans une ambiance amicale et décontractée.

Le **Greenhouse** *(Bobby's Marina)* donne sur la marina et reçoit les gens qui désirent manger ou simplement prendre un verre dans une ambiance détendue et amicale. En plus, certains pourront profiter des tables de billard mises à la disposition des visiteurs. C'est généralement le mercredi soir que l'animation est à son comble, alors qu'une foule d'habitués s'y presse.

Mullet Bay

Le **Cheri's Café** est un vaste bar à ciel ouvert installé en plein cœur du village touristique. L'endroit est parfait pour sentir l'animation du village tout en prenant un verre. On y danse aussi.

Les casinos

Des casinos ont été ouverts exclusivement dans la partie néerlandaise de l'île. On en compte pas moins de 12, tous répartis sur ce petit territoire. Plusieurs hôtels situés dans la partie française mettent des navettes gratuites à la disposition des visiteurs désirant se rendre aux casinos pour y tenter leur chance.

Le plus grand de tous est le **Casino Royale**, situé dans le Maho Beach Hotel. Vous pourrez essayer quelques-unes des 19 tables de black-jack, des 6 roulettes américaines ou des 2 roulettes françaises, ou encore utiliser votre petite monnaie dans l'une des 250 machines à sous.

L'**Atlantis Casino** *(Cupecoy Bay)* accueille les visiteurs dans une salle fort joliment décorée. Encore une fois, des tables de baccara, de black-jack, de poker (*Caribbean stud poker*), de *craps* et de roulettes ainsi que des machines à sous s'y trouvent.

Vous pourrez également essayer le **Casino International** *(Little Bay Hotel)* ou le **Golden Casino** *(Great Bay Beach Hotel)*, qui possèdent, entre autres, des tables de black-jack, de poker (*Caribbean stud poker*) et des machines à sous.

Frontstreet compte également plusieurs casinos, notamment les casinos **Rouge et Noir**, qui plairont aux personnes désirant miser sans se voir imposer de limites, ainsi que les casinos **Coliseum**, **Diamond Casino** et **Paradise Plaxa.** Tous disposent de tables de baccara, de black-jack et de poker (*Caribbean stud poker*) ainsi que de machines à sous. Certains ont vue sur la mer.

Oyster Pond

Pour profiter des derniers rayons du soleil, il est un endroit où se retrouver à Oyster Pond : le **Captain Oliver**. Sa terrasse donnant directement sur la baie est idéale pour contempler ce spectacle tout en prenant un verre et en bavardant.

ACHATS

L'île est un véritable paradis pour les consommateurs car aucun produit n'est taxé; aussi le magasinage est-il vite devenu l'une des activités les plus populaires. Philipsburg est sans conteste le haut lieu du marchandage, et sa rue principale, Frontstreet, regorge de marchandises tantôt luxueuses, tantôt abordables. Que vous recherchiez des bijoux, des vêtements ou de l'alcool, avant d'y acheter quoi que ce soit, prenez le temps de bien comparer et d'évaluer la qualité.

À Sint-Maarten, aucune boutique ne ferme le midi.

Philipsburg

Vêtements

Les t-shirts de Sint-Maarten comptent parmi les souvenirs prisés des visiteurs. Vous aurez l'embarras du choix et du prix dans quantité de boutiques de Frontstreet.

Les personnes cherchant pluôt d'élégants vêtements auront tout avantage à se rendre aux luxueuses boutiques **Ashburry**.

Des couturiers, tous ayant une boutique sur Frontstreet, comme **Liz Claiborne**, **Polo Ralph Lauren** et **Tommy Hilfiger** y présentent quelques-unes de leurs plus belles créations.

Accessoires

Si vous avez besoin d'un quelconque accessoire tel que sac, ceinture, chapeau ou autre, vous pouvez aller vous balader du côté des boutiques **Summer Times** et **Little Switzerland**.

Bijoux et porcelaines

Pour des bijoux et accessoires de grand luxe, qui charmeront à coup sûr les personnes aimant les belles choses et ne craignant pas d'ouvrir leur porte-monnaie, il faut faire un tour chez **Ashburry**, **Colombian Emerald** (pierres précieuses fabuleuses), **Little Switzerland** ou **Oro de Sol.**

Si vous aimez les bijoux à des prix moins extravagants, vous pouvez essayer **New Amsterdam.**

D'autres commerces sur Frontsteet sont réputés pour vendre des bijoux en or et en argent à des prix qui frôlent l'aubaine. Il faut certes fouiner et négocier un peu, mais les trouvailles en valent souvent la peine. Parmi eux, **Mirage** et **Shivas** sont deux bonnes adresses à connaître.

Produits de beauté

Plusieurs magasins se spécialisent dans les produits de beauté de qualité et, même s'il n'y a pas vraiment d'aubaine à y profiter, le large éventail de produits exposés mérite qu'on s'y arrête. **Lipstick** et **Penha** sur Frontstreet sont deux bonnes adresses.

Souvenirs et cadeaux

À la recherche d'un souvenir coloré, d'un bijou à offrir ou d'un bibelot rigolo? Il faut aller chez **American West Indies Company** *(Frontstreet)*, chez **Rams** *(Frontstreet)* ou à la mignonne boutique **Greenwith** *(Frontstreet)*.

Les amateurs de belles faïences seront enchantés par la boutique **Dutch Delft Blue Gallery** *(Frontstreet)*, où sont présentées de fort belles pièces réalisées par de célèbres artisans hollandais. Assiettes, bibelots, carreaux et vases comptent parmi les objets que vous pourrez vous y procurer.

Dans la rue, plusieurs commerçants ambulants proposent des souvenirs de toutes sortes qui combleront les personnes cherchant des babioles à petit prix.

Vins et spiritueux

Dans le domaine des spiritueux à bon prix, Sint-Maarten est un petit paradis pour qui aime les vraies aubaines. Quelques bonnes adresses se trouvent sur Frontstreet, notamment **Diamond**, **Rams** et **Carribean Liquor and Tobacco**. Il existe également un comptoir de **Carribean Liquor and Tobacco** à l'aéroport Princess Juliana.

Un seul alcool est typiquement saint-martinois, le Guanaberry, préparé avec du rhum et une baie poussant sur l'île. Sur Fronstreet, vous pourrez vous rendre à la boutique **Guanaberry** pour faire provision de cette boisson.

Mullet Bay

Vêtements

Plusieurs petites boutiques de Mullet Bay proposent une belle sélection de maillots de bain et de vêtements de plage. Si vous en cherchez, vous pouvez notamment faire un saut chez **Canicule** ou chez **Beach Bum.**

Les enfants trouveront leur compte chez **Margie Magic** *(Plaza del Lago)*, qui présente des vêtements de bon goût.

Souvenirs et cadeaux

The Design Factory *(Plaza del Lago)* propose une belle collection d'objets de décoration et une foule d'autres petits souvenirs qui font toujours plaisir.

On ne vient certes pas à Saint-Martin pour y acheter de l'artisanat d'Afrique, mais sachez que la boutique **Nativa** *(Plaza del Lago)* possède une fort belle collection de masques, tissus et statuettes originaires de ce lointain continent.

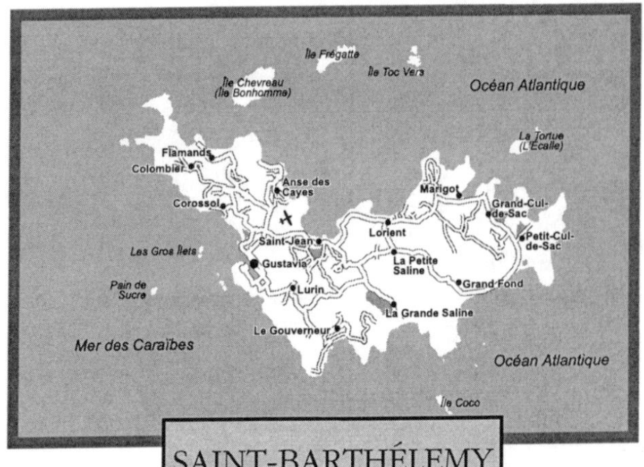

SAINT-BARTHÉLEMY

Avec ses 25 km² de terres arides, Saint-Barthélemy est un îlot minuscule dont on a vite fait le tour. Et pourtant il s'y concentre tant de paysages envoûtants, de jolis bourgades composées de cases créoles coquettement entretenues et de longs rubans dorés ourlés de flots azurés qu'on ne se lasse pas d'arpenter encore et encore ses chemins escarpés. Fleur des Antilles, aussi petite que belle, où chaque parcelle de territoire est aménagée avec un soin extrême pour que rien ne la dépare, Saint-Barth n'a rien à envier à ses voisines.

POUR S'Y RETROUVER SANS MAL

L'île est sillonnée de petites routes, toujours bien revêtues. Une route relie Gustavia et Saint-Jean en passant à côté de l'aéroport. Une autre se rend jusqu'à Colombier, à l'extrémité ouest de l'île. Enfin, une autre route part de Saint-Jean et parcourt la partie est de Saint-Barth en passant par Lorient, Anse du Grand Cul-de-Sac, Anse Toiny et de Grande Anse. Elle revient à Saint-Jean. Un embranchement permet également de se rendre à Gustavia. Par endroits, quelques chemins mènent aux anses isolées, notamment celles de Grande Saline et du Gouverneur.

L'aéroport est situé à environ 2 km de Saint-Jean et de Gustavia.

On y trouve des comptoirs de location de voitures :

Avis : ☎05.90.27.71.43
Budget : ☎05.90.27.66.30
Europcar : ☎05.90.27.73.33
Hertz : ☎05.90.27.71.14
Island Car Rental : ☎05.90.27.70.01 ou 27.62.55

Si vous avez loué une voiture ou un scooter, en sortant du stationnement, vous devrez tourner à gauche pour Saint-Jean ou à droite pour Gustavia.

Vous pouvez également opter pour un taxi car il en existe une station à l'aéroport. Vous pouvez la joindre en composant le ☎05.90.27.75.81.

RENSEIGNEMENTS PRATIQUES

Banques

Banque française commerciale, rue du Général de Gaulle, Gustavia, ☎05.90. 27.62.62

Crédit Agricole, rue du Bord de Mer, Gustavia, ☎05.90.27.89.90

Galerie du Commerce (en face de l'aéroport), Saint-Jean, ☎05.90.27.65.88

Poste

À l'angle des rues du Centenaire et Jeanne d'Arc, Gustavia, ☎05.90.27.62.00
lun, mar, jeu et ven 8h à 15h, mer-sam 8h à 12h, fermé mercredi et samedi après-midi

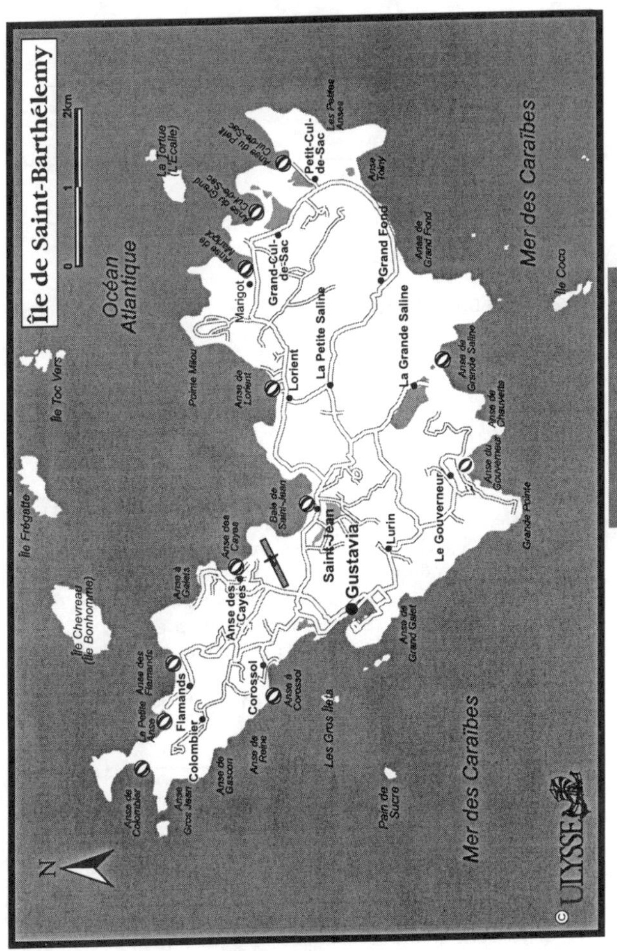

Galeries du Commerce, Saint-Jean, ☎05.90. 27.64.02
lun, mar, jeu et ven 8h à 14h, mer-sam 7h30 à 11h, fermé mercredi et samedi après-midi

Lorient, ☎05.90. 27.61.35
7h à 11h en semaine, 8h à 10h le samedi

Santé

Hôpital : ☎05.90. 27.60.35

Autres

Gendarmerie : ☎05.90.27.60.12

Police : ☎05.90. 27.66.66

Météo : ☎05.90. 27.60.17

ATTRAITS ET PLAGES

En suivant la route goudronnée qui serpente à travers l'île, vous aurez tôt fait de trouver quelques-uns de ses trésors les plus resplendissants : Gustavia, l'Anse de Grand Fond, la baie de Saint-Jean. Cependant, pour goûter pleinement ses charmes, vous devez prendre le temps de déambuler dans ses rues, d'apercevoir la frégate plonger dans les flots agités, de vous sentir caresser par les alizés, de contempler le soleil iriser la mer, de vous laisser bercer par le temps qui passe. Nous vous proposons une balade qui vous mènera dans les moindres recoins de Saint-Barth.

Gustavia

Les premiers colons à s'établir dans l'île y venaient surtout pour cultiver la terre, une terre pauvre brûlée par les chauds rayons du soleil, qui fut la cause de bien des tourments. Saint-Barth avait cependant un atout bien particulier, une rade à l'abri des courants et des vents marins, idéale pour le mouillage des bateaux. Cette particularité géographique fut un avantage important pour cette minuscule terre, car les colons purent y installer un excellent port, où les bateaux venus sillonner la mer des Caraïbes pouvaient s'amarrer sans danger. Les pirates qui couraient alors les mers furent parmi les premiers à vraiment en bénéficier, et venaient accoster dans les eaux calmes de la rade

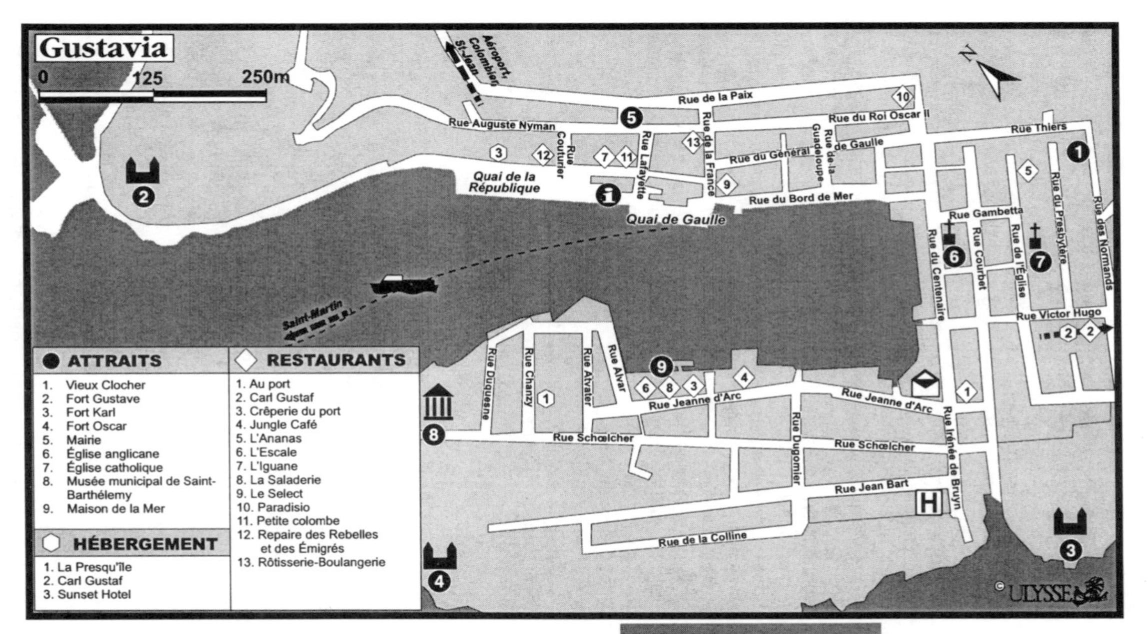
Gustavia
0
125
250m
ATTRAITS
1. Vieux Clocher
2. Fort Gustave
3. Fort Karl
4. Fort Oscar
5. Mairie
6. Église anglicane
7. Église catholique
8. Musée municipal de Saint-Barthélemy
9. Maison de la Mer
RESTAURANTS
1. Au port
2. Carl Gustaf
3. Crêperie du port
4. Jungle Café
5. L'Ananas
6. L'Escale
7. L'Iguane
8. La Saladerie
9. Le Select
10. Paradisio
11. Petite colombe
12. Repaire des Rebelles et des Émigrés
13. Rôtisserie-Boulangerie
HÉBERGEMENT
1. La Presqu'île
2. Carl Gustaf
3. Sunset Hotel
Aéroport, Colombier, St-Jean
Rue de la Paix
Rue Auguste Nyman
Rue Couturier
Rue Lafayette
Rue de la France
Rue du Roi Oscar II
Rue du Général de Gaulle
Rue de la Guadeloupe
Rue du Bord de Mer
Rue Thiers
Rue Gambetta
Rue du Presbytère
Rue des Normands
Rue du Centenaire
Rue Courbet
Rue de l'Église
Rue Victor Hugo
Quai de la République
Quai de Gaulle
Saint-Martin
Rue Duquesne
Rue Chanzy
Rue Atvater
Rue Alvar
Rue Jeanne d'Arc
Rue Schœlcher
Rue Dugomier
Rue Irénée de Bruyn
Rue Jean Bart
Rue de la Colline
© ULYSSE

du Carénage. Ce dangereux voisinage eut tout de même, quelques temps, de bonnes conséquences pour les habitants, car peu à peu une ville se développa. Cependant, les pirates qui dévastaient les navires étrangers attirèrent sur les pauvres Saint-Barths les foudres des grandes puissances, et la ville en expansion fut détruite par les Anglais en 1744.

Le Carénage, comme elle s'appelait jadis, parvient tant bien que mal à renaître de ses cendres, et au fil des ans la ville grandit. Lorsqu'en 1785 Saint-Barth est cédée à la Suède, en échange d'un droit pour la France de commercer avec ce pays, elle garde son importance, mais est rebaptisée **Gustavia** ★★★ en l'honneur du roi suédois d'alors. Durant plusieurs années, la ville prospère et de nouveaux bâtiments sont érigés, d'une architecture sensiblement différente de la première époque. Il reste malheureusement peu de bâtiments datant de cette période, car en 1852 un incendie ravagea la ville. Cependant, sur la rue du Presbytère, vous apercevrez le joli **Vieux Clocher** vert qui abritait autrefois une cloche coulée en 1799; elle sonnait les moments importants de la journée. Aujourd'hui, une horloge la remplace.

À la fin du XVIIIe siècle et au début du XIXe siècle, trois forts furent construits au sommet des collines qui entourent la ville pour protéger la colonie suédoise. De ces trois forts de pierre érigés au XVIIIe siècle, vous ne pourrez observer les fortifications que d'un seul, le **fort Gustave**. On y trouve encore une terrasse d'où l'on a une très belle **vue** ★ sur Gustavia. Sur le site du **fort Karl**, vous ne verrez aucun vestige. Les fortifications du **fort Oscar** ont quant à elles été modifiées au cours des ans, mais on ne peut observer ce site que de loin, car il est aujourd'hui occupé par le ministère des Armées.

Lorsque la France reprit possession de l'île en 1878, Gustavia conserva et son nom et son statut de ville principale de l'île. Encore aujourd'hui, il s'agit de l'agglomération la plus grande et la plus animée. Si vous y arrivez par bateau, vous vous trouverez, en quelque sorte, au cœur de la ville, les maisons ayant été construites autour de ce port naturel.

Gustavia est composée de quelques rues bordées de coquettes maisonnettes blanches au toit orangé et mérite qu'on s'y attarde. Prenez le temps de flâner dans ses rues charmantes, profitez de ses cafés et de ses bons restaurants, ou laissez-vous tenter par une de ses nombreuses boutiques. Outre ces coquettes maisons, il existe quelques bâtiments de distinction, comme l'actuelle **mairie** *(rue Auguste Nyman)*, aussi appelée «Maison du Gouverneur» car autrefois les gouverneurs de l'île y logeaient. Cette maison au soubassement de pierre arbore une belle façade verte et blanche. Deux autres bâtiments sont également dignes de mention. L'**église anglicane** *(rue du Centenaire)*, construite en 1885, et faite de pierre et de bois, est surmontée d'un joli clocher. Elle accueille encore aujourd'hui des fidèles. Elle se trouve sur la **rue du Centenaire ★**, qui compte parmi les plus jolies artères de la ville car elle longe le port et offre une belle perspective de l'ensemble de la cité. De là, vous pourrez voir, au loin, la façade blanche et dépouillée de l'**église catholique** *(rue de l'Église)*, le plus imposant des deux temples.

Église anglicane

Si l'envie vous prend d'en connaître plus sur le passé, les traditions et la vie quotidienne des Saint-Barths, rendez-vous au **Musée Saint-Barthélemy** *(10F; lun-jeu 8h à 12h et 13h30 à 17h30, ven jusqu'à 17h, sam 8h30 à 12h; Wall House, à l'angle des rues Alvar et Duquesne, ☎05.90.29.71.55)*, qui présente différents objets évoquant la vie d'hier, à l'époque suédoise et française.

Les rues bordant la rade sont très animées car on y trouve de jolies boutiques, des restaurants, la marina et bien sûr les entreprises proposant des excursions en mer. Parmi celles-ci, la **Maison de la Mer ★** *(6 rue Jeanne d'Arc, ☎05.90.27.81.00)* propose des balades visant à vous faire découvrir les fonds marins. C'est grâce au bateau *l'Aquarius* que les passagers peuvent contempler ce spectacle fascinant. Ils s'installent au fond du bateau, dans une bulle de verre d'où ils peuvent confortablement observer la vie marine.

À l'extrémité ouest de la ville s'étend **Shell Beach**, petite plage encombrée de coquillages, qui n'est pas la plus jolie de l'île mais s'avère fort agréable.

Quittez Gustavia en suivant la rue Auguste Nyman. Puis, empruntez la route qui passe à côté de l'aéroport; vous vous rendrez ainsi à Saint-Jean.

La baie de Saint-Jean

La bourgade de **Saint-Jean ★** s'étend au bord de la très belle baie de Saint-Jean. Au premier abord, Saint-Jean ne semble comprendre que des centres commerciaux, notamment les Galeries du Commerce, la Villa Créole et le centre commercial Saint-Jean. Cependant, vous aurez tôt fait de découvrir qu'elle est embellie par la présence de coquettes maisons. Ornées de frises et de balcons blancs, elles sont construites à flanc de colline et lui confèrent bien du cachet. Le principal atout de Saint-Jean demeure cependant la **baie de Saint-Jean ★★**, au bord de laquelle s'étend un long croissant de sable blond caressé par les flots turquoise et miroitants de la mer des Caraïbes, cachée derrière une végétation verdoyante. Véritable paradis pour l'amateur de bains de soleil et de baignades tranquilles, la baie de Saint-Jean compte parmi les plus fréquentées de l'île. Mais rassurez-vous, car ici l'animation bruyante n'a pas sa place et il y règne toujours une ambiance paisible et agréable. Elle accueille d'autant plus de visiteurs que l'on trouve sur ses berges plusieurs hôtels confortables (voir p 171). Outre cette superbe plage, vous pourrez, entre deux baignades, profiter de l'un des bons restaurants établis au bord de la mer (voir p 182).

Continuez sur la route en direction de Lorient.

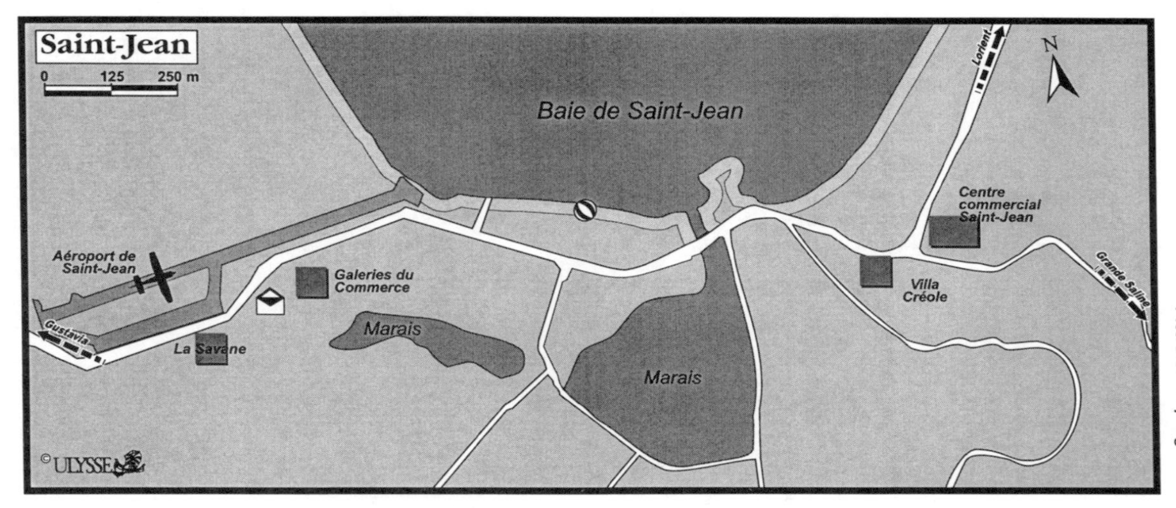

SAINT-BARTHÉLEMY

Lorient

Jusqu'à Lorient, vous longerez la mer mais n'apercevrez essentiellement que la végétation qui borde les complexes hôteliers et les jolies demeures. Par endroits cependant, la route dévoile de beaux points de vue sur la côte escarpée qui se jette dans la mer.

En arrivant au village, vous croiserez d'abord une épicerie puis, juste à côté, un petit cimetière dont les pierres tombales sont étonnamment ornées de fleurs en plastique. Vous verrez alors Lorient, mignonne bourgade qui s'allonge au bord de l'**Anse de Lorient ★**. Ce très beau croissant de sable fin fera le bonheur des personnes cherchant de belles vagues.

La route continue vers l'est, dans un secteur de l'île qui est moins peuplé, et elle décrit une boucle, passant ainsi près des belles plages de l'Anse du Grand Cul-de-Sac, du Petit Cul-de-Sac et de la magnifique côte du Sud-Est.

La Pointe Milou

Cette partie de l'île est dominée par des falaises escarpées sur lesquelles s'accrochent de somptueuses demeures profitant d'une vue imprenable sur les flots agités. L'endroit est somme toute assez privé et d'un calme parfait. Une promenade dans ce chic quartier de Saint-Barth vous remplira d'aise certes, mais attention, les bourrasques de vent sont fortes et il n'est pas recommandé de s'y balader à mobylette.

Le Grand et le Petit Cul-de-Sac

L'extrémité est de l'île fait partie de la «côte-au-vent». Elle est ponctuée de lagons d'un bleu intense blottis au creux d'abruptes falaises et bien abrités du vent et des forts courants. Parmi ces lagons se trouve l'**Anse du Grand Cul-de-Sac ★★**, belle anse aux eaux cristallines ceinturées de falaises, et dans lesquelles se réfléchissent gaiement les toits orangés des coquettes résidences qui y ont été construites. C'est ici le lieu privilégié des véliplanchistes amateurs et des nageurs. Certains hôteliers ont également voulu profiter de ce site exceptionnel, et de beaux complexes hôteliers y ont été érigés. L'endroit demeure tout de même paisible et somme toute peu fréquenté.

À deux pas de l'Anse du Grand Cul-de-Sac, comme blottie au pied des collines, s'étend la petite **Anse de Marigot**. Tout autour de ce lagon s'élèvent d'abruptes falaises qui ont l'avantage de bien la protéger du vent, faisant d'elle un site apprécié des nageurs et des propriétaires de petits bateaux car ils peuvent s'amarrer dans des eaux calmes.

À l'est de l'Anse du Grand Cul-de-Sac s'allonge l'**Anse du Petit Cul-de-Sac**, bordée essentiellement de raisiniers de mer qui poussent pêle-mêle, lui conférant, outre un ombrage délicieux sous le chaud soleil, un cachet sauvage. À l'écart des villages, cette plage, exempte de tout développement touristique, a le charme des plages oubliées, et vous vous sentirez loin de tout. Aucune construction ne la dépare, sans doute parce qu'on ne peut s'y baigner, la plage étant encombrée de pierres de toutes tailles.

Les Anses Toiny et Grand Fond

Plus vous avancerez vers le sud, plus vous remarquerez que le paysage se transforme, les belles plages de sable fin faisant peu à peu place aux falaises escarpées. D'ailleurs, dans le sud-est de l'île, on ne rencontre plus de longs croissants de sable fin, les **Anses Toiny et Grand Fond ★★** étant plutôt bordées de murailles abruptes sur lesquelles les flots agités viennent se fracasser. Ce tableau mouvementé est tout de même adouci par la présence de la vaste étendue marine qui s'allonge paisiblement et qui s'égaye parfois d'un bateau coloré. Si vous aimez les paysages tourmentés, vous devez prendre le temps de vous promener sur cette côte sauvage.

Un peu après avoir dépassé les superbes bâtiments de l'hôtel Le Toiny (voir p 177), soyez attentif car, du côté gauche de la route, vous apercevrez une case typique de Saint-Barth, la **cabrette**. Petite maisonnette de pierre très basse, elle a été conçue de façon à résister aux pires assauts du vent.

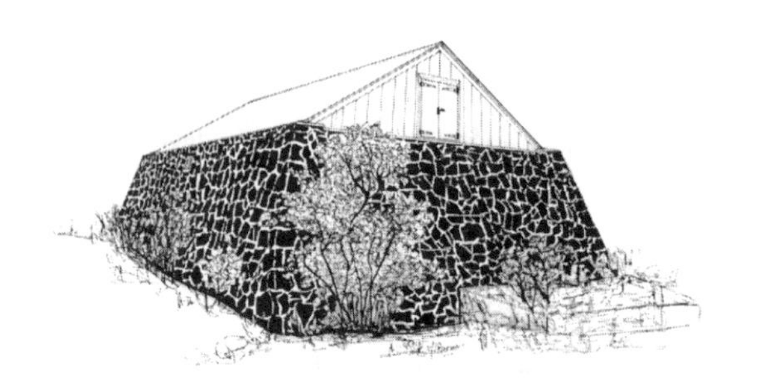

Cabrette

La route longe l'océan à partir de l'Anse Toiny jusqu'à l'Anse Grand Fond, puis bifurque vers l'intérieur des terres. Elle serpente alors à travers les collines et grimpe abruptement par endroits, puis redescend pour zigzaguer entre les jolies demeures. Si vous parcourez cette partie de l'île à vélo, il vous faudra beaucoup de souffle. Cette région est parsemée de petites maisons coquettement ornées de frises et agréablement pourvues d'un jardinet où poussent tant bien que mal les rares plantes cultivées dans l'île. Paisible à souhait, ce coin de pays est peut-être l'un des plus typique de Saint-Barth.

À Petite Saline, la route se divise en deux embranchements, un premier se rendant à Lorient et un second continuant dans les terres : empruntez le second (à gauche) et faites 1 km tout au plus; vous croiserez alors un autre embranchement, que vous prendrez à gauche pour atteindre l'Anse de Grande Saline.

L'Anse de Grande Saline

Avant d'arriver au bord de l'océan, vous traverserez les terres et apercevrez un grand rectangle blanc, qui est en fait celui des eaux troubles de la Grande Saline. Autrefois, on exploitait le sel de ce marais salant, qui a permis à certains Saint-Barths d'en tirer des revenus substantiels. Aujourd'hui cependant, il n'est plus exploité. La Grande Saline est entourée d'une mangrove et attire bon nombre d'espèces d'oiseaux (de petits échassiers en particulier) que vous pourrez aisément observer à l'aide de jumelles. Ce marais salant est d'ailleurs à l'origine du nom de la plage située juste à côté, l'**Anse de Grande Saline ★★**. À côté du marais, vous pourrez laisser votre voiture au stationnement prévu à cet effet. Vous devrez ensuite suivre un court sentier au bout duquel, tel un tableau merveilleux, se dévoilera la mer bleue à perte de vue, qu'aucune construction n'encombre. Cette plage est réputée pour sa beauté sauvage, les collines verdoyantes qui l'entourent, son sable fin et ses eaux cristallines. Fort différente des plages plus touristiques de l'île comme la baie de Saint-Jean, elle est d'une incomparable beauté pour qui aime les décors naturels encore peu touchés par les développements en tout genre. Les personnes appréciant les baignades tranquilles et le sable doux y seront particulièrement comblées.

Pour vous rendre à la plage du Gouverneur, vous devez retourner sur vos pas en direction de Gustavia. À Lurin, petit bourg des collines composé de quelques maisonnettes, vous pourrez emprunter la route qui redescend vers la plage. Soyez attentif car la route est mal signalée; elle se trouve juste à côté des bâtiments de France Telecom.

L'Anse du Gouverneur

La route descend vers la mer en passant à côté de vastes terrains au centre desquels se dressent de petites maisons. Fort peu peuplée, cette région champêtre est parsemée d'une végétation quelque peu délinquante. La route se termine à côté du vaste terrain d'une résidence privée, et vous devrez laisser votre véhicule au minuscule stationnement prévu à cet effet ou, comme il est souvent rempli, le long de la route. Un très court chemin vous mènera au superbe croissant de sable doré de l'**Anse du Gouverneur ★★**, où des flots paisibles invitent à la baignade. Dans cette anse d'un calme parfait car aucun commerce ne la dépare, une seule demeure privée borde la plage. Sans commerces ni kiosques de location de parasols (peaux sensibles, prévoyez votre propre abri), la plage a tout du petit paradis antillais oublié.

Pour visiter la partie ouest de l'île, vous devrez retourner jusqu'à Gustavia. Sur la route qui sillonne les collines avoisinant

Gustavia, vous verrez quelques maisonnettes typiques, et du haut de ces vallons vous apercevrez une multitude de toits orangés : Gustavia se déploie autour de sa rade. Au centre de ce port naturel, vous verrez toutes sortes de bateaux amarrés.

Pour vous rendre à Corossol, revenez sur vos pas et tournez à gauche à la première route que vous croiserez. Vous atteindrez ainsi Gustavia. De là, suivez la route allant à Corossol.

Corossol

Corossol ★ est une toute petite bourgade qui s'est développée à flanc de colline et au bord de l'**Anse de Corossol**. Ici encore, les coquettes maisons au toit orangé, élégamment ornées de frises, égayent le paysage autrement bien morne, car seule une végétation composée de broussailles et d'arbustes y pousse. Cette bourgade modeste, aux allures tout à fait antillaises, a pourtant un certain charme, et ce, malgré le fait que la jolie plage de l'anse soit bordée d'une route, heureusement peu fréquentée par les voitures. Il fait bon déambuler dans Corossol par les jours ensoleillés, alors qu'au large flottent paisiblement les bateaux multicolores des pêcheurs ou plane mollement un pélican. La vie semble ici couler au ralenti.

Un petit musée y a ouvert ses portes : l'**Inter Ocean Museum ★** *(20F; mar-dim 9h30 à 17h; ☎05.90.27.62.97)*. On y expose des coquillages de toutes sortes (plus de 400 variétés), de véritables petits trésors que le propriétaire, M. Magras, collectionne depuis toujours.

Pour vous rendre au centre de l'île, au petit village de Colombier, reprenez la route et tournez à gauche sur le premier chemin que vous croiserez.

Colombier

Le hameau de Colombier est perché dans les collines de l'ouest de l'île et, bien que situé à environ 2 km de Gustavia, il a longtemps été isolé. Les cultivateurs de ce coin de pays devaient travailler un sol très pauvre d'où ils tiraient leur maigre subsistance. En 1918, le père de Bruyn voulut aider ces pauvres habitants et, grâce à ses efforts, on put construire une chapelle, une école et une citerne. Encore aujourd'hui, la petite chapelle s'élève au cœur de ce village. Ainsi bâti dans les collines et dominant l'île, Colombier bénéficie d'une vue superbe, car à son pied s'étendent d'abord les terres puis les flots cristallins qui semblent onduler sans fin.

Tout au bout, vous trouverez un sentier menant à la dernière plage de cette extrémité de l'île, la plage du **Grand Colombier** ★★. Au terme d'une balade d'une quinzaine de minutes à travers une multitude de broussailles et d'arbustes, vous arriverez à cette plage, la plus isolée de Saint-Barth. Encore une fois, vous serez subjugué par la qualité de son sable aussi fin que doux et par les flots cristallins qui la bordent. Un tableau à nul autre pareil, qui vous permettra encore une fois de vous extasier sur les trésors de ce magnifique îlot qu'est Saint-Barth. Gardez-vous de l'eau pour le retour, car il faut alors grimper jusqu'au stationnement.

Redescendez sur la côte nord de l'île; vous arriverez à l'Anse des Flamands.

L'Anse des Flamands

L'**Anse des Flamands** ★ est la plage la plus occidentale de l'île. Elle s'étend sur un long croissant de sable blanc où poussent, en divers endroits, les lataniers, ces arbres à grandes palmes qui servent à la confection de chapeaux ou de paniers. La plage, toujours calme, est parfaite pour la baignade et les siestes à l'ombre des lataniers.

L'Anse des Cayes

Située non loin de la baie de Saint-Jean, l'**Anse des Cayes** a acquis une réputation auprès des amateurs de surf et de pêche sous-marine. Son très beau sable saura aussi contenter les personnes qui ne rêvent que de bains de soleil.

ACTIVITÉS DE PLEIN AIR

Saint-Barthélemy, avec ses 22 plages de sable fin qui s'étendent au bord de la mer des Caraïbes ou de l'océan Atlantique, est un véritable paradis pour les personnes voulant s'adonner à divers sports nautiques. Il s'agit d'ailleurs des principales activités que vous pourrez y pratiquer. Outre les sports nautiques, vous pourrez également y faire de l'équitation ou du vélo.

Baignade

Si la baignade est une activité qui vous plaît, vous aurez l'embarras du choix car, des 22 plages de l'île, vous pourrez vous baigner à 15 d'entre elles, et elles sont toutes plus belles les unes que les autres. En outre, des tests visant à connaître la qualité de l'eau sont effectués chaque année. Ils indiquent que les eaux de toutes ces plages (sauf celles de la rade de Gustavia, qui sont de qualité moyenne) sont de bonne qualité.

On répartit les plages de l'île en deux groupes : les plages de la «côte-au-vent» et celles de la «côte-sous-le-vent». Parmi les premières, mentionnons les plages de la baie de Saint-Jean, de l'Anse Lorient, du Grand et du Petit Cul-de-Sac et de l'Anse Toiny; ces plages, quand elles ne sont pas bien abritées, sont battues par des vagues parfois violentes. Parmi le second groupe de plages, vous trouverez les plages de l'Anse de Corossol, de Grand Colombier, de l'Anse des Flamands et de l'Anse des Cayes; ces plages sont, quant à elles, généralement calmes. Enfin, sachez qu'il n'existe aucune plage naturiste à Saint-Barth.

Les personnes ayant choisi d'emmener leur chien dans l'île doivent savoir que, par souci de propreté, aucune de ces bêtes n'est admise sur les plages de l'île.

Vous trouverez la description des plages les plus intéressantes dans la section «Attraits et plages» (voir p 154).

Plongée sous-marine

Les côtes de l'île, baignées par des eaux toujours chaudes où se développent des coraux qui attirent une foule de poissons de toutes sortes, sont d'une richesse incontestable pour les amateurs de plongée. Les sites de plongée autour de l'île sont nombreux. Ainsi, vous pourrez explorer les fonds marins et les récifs coralliens au large des plages de l'Anse de Chauvette, de l'Anse de Corossol et de l'île de La Tortue. Des excursions sont également proposées aux environs des îles de Tintamarre (Saint-Martin) et de Saba (Antilles néerlandaises, pour les plongeurs expérimentés seulement). Ces expéditions sont alors l'occasion d'une promenade en mer et d'un pique-nique. Comptez en moyenne 300F pour une plongée et de 450F à 500F pour le baptême.

Quelques centres organisent des excursions de plongée :

St-Barth Plongée, Port de Gustavia, ☎05.90.27.54.44

West Indies Dive, Marine Service, Quai du Yacht, Gustavia, ☎05.90.27.70.34

Mermaid Diving Center, Hôtel St. Barth Beach, ☎05.90.58.79.29

Ocean Must, rue Alvar, à côté du musée, ☎05.90.27.62.25

Plongée-tuba

Les fonds marins réservent des scènes naturelles magnifiques à ceux qui osent descendre sous l'eau. Si vous faites partie des gens curieux de les observer mais ne voulez pas plonger, il est possible de louer de l'équipement de plongée-tuba :

Snorkelling Marina, Gustavia, ☎05.90.27.96.68

Wind Wave Power, Anse du Grand Cul-de-Sac, ☎05.90.27.82.57

Hookipa, Gustavia, ☎05.90.27.76.17.

Hookipa, Saint-Jean, ☎05.90.27.71.31.

Croisières

Les excursions en voilier ou en yacht sont une belle occasion de voguer librement sur les flots cristallins de la mer. Quelques centres organisent de telles excursions auxquelles vous pourrez prendre part.

Marine Service, Quai de Gustavia, ☎05.90.27.70.34

St-Barth Caraïbes Yachting, Quai de Gustavia, ☎05.90.27.52.48

Ocean Must, Quai de Gustavia, ☎05.90.27.62.25

Planche à voile

Les personnes désireuses de glisser sur les flots et de sauter sur les vagues en planche à voile apprécieront les plages relativement tranquilles de Grand Cul-de-Sac et de l'Anse Saint-Jean, ou plus mouvementées de Lorient. Au bord de ces plages, des entreprises louent le matériel et proposent des cours (comptez environ 130F l'heure) :

Wind Wave Power, Grand Cul-de-Sac, ☎05.90.27.82.57

St-Barth Wind School, Saint-Jean, ☎05.90.27.71.22

Mermaid Diving Center, Anse du Grand Cul-de-Sac

Surf

La plage de Lorient est souvent fouettée par de fortes vagues, faisant d'elle un endroit idéal pour la pratique du surf. Les intrépides maîtrisant bien la technique trouveront de quoi s'amuser ferme en se rendant à l'Anse Toiny car la mer y est bien houleuse.

Hookipa, Saint-Jean, ☎05.90.27.67.63

Saint-Barth Sports Agency, Lorient, ☎05.90.27.68.06

Ski nautique

Si vous avez envie de glisser à toute allure sur les flots, il faut essayer le ski nautique. Pour parvenir à vous déplacer ainsi, il faut bien sûr un peu d'expérience mais, avec un peu de patience et de bons conseils, vous y arriverez certainement.

Marine Service, Quai de Gustavia, ☎05.90.27.70.34

Pêche en haute mer

Vous pourrez prendre part à des excursions de pêche au gros qui offrent, en plus de l'expérience inoubliable de pêcher en haute mer, l'occasion d'une agréable balade. Ces excursions durent en moyenne une demi-journée. À bord, l'équipement et les conseils sont fournis.

Marine Service, Quai de Gustavia, ☎05.90.27.70.36

Ocean Must, Quai de Gustavia, ☎05.90.27.62.25

Motomarine (*Jet ski*)

Si l'envie de filer sur les flots vous tenaille, rendez-vous à l'Anse de Grand Cul-de-Sac, où vous pourrez louer ces bolides. Comptez alors 300F par demi-heure.

Mermaid Diving Centre, Anse de Grand Cul-de-Sac.

Randonnée pédestre

Saint-Barthélemy est une île minuscule au centre de laquelle se dressent d'abruptes collines où ne poussent que des broussailles et des arbustes. Ces collines sont traversées par diverses routes, mais il existe bien peu de sentiers de randonnée pédestre. En fait, on n'en compte qu'un seul dans la région de Colombier qui sillonne des terres peu habitées. Si vous partez en excursion, soyez tout de même bien équipé (bonnes chaussures de marche, vêtements clairs, chapeau, verres fumées et crème solaire pour vous protéger des chauds rayons et éviter les insolations); quittez tôt le matin, avec de l'eau et des provisions suffisantes.

Vélo

L'île est sillonnée de routes étroites, souvent très abruptes et peu ombragées. Il ne s'agit pas par conséquent de l'endroit idéal pour se balader à vélo. Mais pour couvrir de courtes distances, la petite reine peut s'avérer bien utile. Il est possible de louer un vélo à différents endroits.

Ouanalao Moto, Galeries du Commerce, Saint-Jean, ☎05.90.27.88.74

Chez Béranger, Gustavia, ☎05.90.27.89.00

Équitation

Un centre équestre organise des excursions dans l'île, près de la baie des Flamands. Il s'agit d'une agréable façon de découvrir un autre coin de cette terre.

Ranch des Flamands, Baie des Flamands, ☎05.90.27.80.72

HÉBERGEMENT

Gustavia

La jolie ville de Gustavia, avec ses boutiques, ses restaurants et sa marina, attire bon nombre de visiteurs qui viennent y flâner. Plutôt animée, elle est parfaite pour y passer une journée, mais présente peu d'intérêt pour les personnes voulant y loger. Les plages et les collines environnant la ville constituent de plus beaux sites. On compte tout de même deux hôtels au centre-ville. Parmi ceux-ci, **La Presqu'île** *(330F; ≡, tv; place de la Parade, 97133, ☎05.90.27.64.60, ⇌05.90.27.72.30)*, qui fait face à la marina, propose quelques chambres modestement décorées mais tout à fait correctes. Il ne s'agit pas d'un hôtel de rêve, mais pour le prix il en vaut la peine.

Le deuxième hôtel se trouvant au centre-ville de Gustavia est le **Sunset Hotel** *(600F; ≡, tv; rue de la République, B.P. 102, 97133, ☎05.90.27.77.21, ⇌05.90.27.81.59)*, dont les trois étages se dressent face à la marina. Il propose des chambres bien tenues et plus confortables que celles de La Presqu'île; vous pourrez y dormir sans souci.

Le **Carl Gustaf** *(3 500F pdj; ≈, ≡, tv, ℜ, ℂ; rue des Normands, 97133, ☎05.90.27.82.83, ⇌05.90.27.82.37)* comprend une série de luxueuses villas construites à flanc de colline, en retrait de l'agglomération, qui profitent toutes d'une vue exceptionnelle sur les rues de la ville et sur les flots cristallins de la mer. Pour tirer parti de cette avantageuse situation, chacune des villas offre une agréable terrasse donnant sur ce paysage magnifique. Ces luxueuses habitations, au confort impeccable, ont en outre l'avantage de posséder une petite piscine privée et des chambres joliment habillées de grandes fenêtres s'ouvrant sur la mer.

Saint-Jean

Saint-Jean est la seconde ville d'importance de l'île après Gustavia. Le village même n'est en fait qu'un hameau de quelques maisonnettes. Tout autour s'étend une très belle plage de sable fin, et les hôtels sont tous établis de façon à pouvoir profiter de ce superbe site naturel. Vous les trouverez aisément en suivant la route principale, car la plupart sont érigés les uns à côté des autres; chacun possède toutefois un vaste terrain lui permettant d'offrir une bonne intimité aux visiteurs.

L'**Hôtel Émeraude Plage** *(1 050F; ≡, ⊗, ℜ, ℂ; 97133, ☎05.90.27.64.78, ⇌05.90.27.83.08)* compte parmi ces hôtels installés sur un vaste jardin donnant sur la baie de Saint-Jean;

il profite donc d'un site calme à souhait et d'un accès direct à la plage. On y dénombre pas moins de 24 bungalows (certains pouvant accueillir quatre personnes) répartis de part et d'autre du jardin, de façon à ce que chacun offre une vue sur la mer. Très fonctionnels (chacun possédant une cuisinette équipée), ils offrent un bon confort sans être luxueux.

Non loin de l'Émeraude Plage se trouvent les jolies villas du **Filao Beach Hotel** *(1 900F côté jardin ou 2 700F bord de mer; ≡, ⊗, tv, ℂ; B.P. 667, 97099, ☎05.90.27.64.84, ≠05.90.27.62.24)*, membre de la prestigieuse association des Relais et Châteaux. Elles se situent dans un agréable jardin planté d'arbres et d'arbustes de toutes sortes où il fait bon déambuler tout en contemplant les oiseaux venus se nourrir aux mangeoires judicieusement distribuées dans le site. Au bout du jardin, vous découvrirez une belle plage de sable blond et les flots miroitants de la mer. Une terrasse y a d'ailleurs été aménagée pour que vous puissiez vous attabler tout en contemplant ce beau spectacle. Véritable oasis de tranquillité, cet hôtel a été conçu pour que vous vous reposiez durant votre séjour.

Le **Tropical Hotel** *(1 080F côté jardin ou 1 250F bord de mer; ≈, ≡, ⊗, tv; B.P. 147, 97095, ☎05.90.27.64.87, ≠05.90.27.81.74)* est quant à lui situé à flanc de colline, et l'on y accède en empruntant le chemin qui se trouve à votre droite quand vous arrivez de Marigot (un écriteau le signale). Les bâtiments ainsi construits vous permettent de contempler la mer qui s'allonge à vos pieds; la vue y est exceptionnelle. Ils abritent des chambres tout à fait charmantes, garnies de meubles de rotin et fort bien entretenues. L'hôtel se trouve malheureusement en retrait de la plage, mais une belle piscine parvient à faire oublier ce léger désavantage.

Le **Village St. Jean** *(1 000F pdj; ≈, ⊗; 97133, ☎05.90.27.61.39, ≠05.90.27.77.96)* est un autre confortable établissement niché dans les collines qui dominent la baie de Saint-Jean. Il comprend plusieurs pavillons joliment ornés de boiseries répartis ici et là sur un vaste terrain. Tous abritent des chambres fort belles, également garnies de belles boiseries. Elles présentent un décor dépouillé et aéré, tout de simplicité, mais ont un cachet indéniable. Outre un magnifique panorama, les résidants profitent d'une vaste piscine et d'une grande tranquillité.

Si vous cherchez un endroit sympathique et une ambiance décontractée, il vous faut loger à l'**Eden Rock** *(3 700F pour une chambre ou 4 680F pour une suite; toutes ont vue sur la mer; ℜ; 97133, ☎05.90.27.72.94, ⇌05.90.27.88.37)*. On y accède tant bien que mal par un chemin de terre particulièrement abrupt qui grimpe dans la colline. Au sommet se trouvent une partie des bâtiments abritant les chambres, entourés d'une profusion de plantes de toutes sortes. La vue y est très belle. L'autre partie des chambres est répartie dans des bâtiments érigés au bord de la plage. Une attention particulière a été apportée aux chambres, qui présentent toutes un décor différent. Chacune, avec ses meubles anciens et ses rideaux de dentelle, offre un cachet bien particulier.

Le **Tom Beach** *(1 800F; ≈, ≡; 97133, ☎05.90.27.53.13, ⇌05.90.27.53.15)* abrite des chambres de style colonial au charme indéniable, décorées avec un superbe lit à baldaquin, un plafond avec poutres et des volets, autant de petites attentions qui les rendent plaisantes. Elle sont réparties dans un jardin, un peu petit, où pousse une profusion de plantes fleuries et qui se termine sur la superbe plage de Saint-Jean.

SAINT-BARTHÉLEMY

Lorient

En suivant la route principale, vous croiserez un hameau de quelques maisons : Lorient. Non loin s'étend la plage de l'Anse Lorient, où l'on trouve de charmants hôtels.

Les bâtiments de l'hôtel **La Normandie** *(350 à 450F; ≈, ≡; 97133, ☎05.90.27.61.66 ⇌05.90.27.98.83)* ont été construits le long de la route, dans un environnement qui n'a rien d'enchanteur. Il propose cependant des chambres à bon prix, qui à défaut d'être coquettes sont bien tenues et offrent un confort tout à fait acceptable. Il profite en outre d'un jardinet où se trouve une petite piscine.

S'il est un endroit unique à Saint-Barth, c'est bien le **Manoir de Saint-Barthélemy** *(400 à 650F; ≈, ℂ; 97133, ☎05.90.27.79.27, ⇌05.90.27.65.75)*. Dans un vaste jardin magnifique se dresse un manoir breton du XVIIe siècle qui a été transporté dans l'île et reconstruit poutre par poutre; c'est là que se trouve le hall principal de l'hôtel. Les chambres sont aménagées dans des pavillons de bois dont l'architecture imite celle du manoir. Elles sont très grandes et magnifiquement décorées de meubles anciens choisis avec goût. Le lit est recouvert d'une moustiquaire blanche lui donnant des allures romantiques d'une autre époque. Il émane de ces chambres un sentiment de bien-être, et l'on ne peut que s'extasier sur le souci du détail qui a animé les concepteurs de cet établissement sans pareil à Saint-Barth. Et pour le prix, il s'agit vraiment d'une aubaine.

Vous pouvez opter pour louer l'une des petites maisonnettes blanches de l'établissement **Les Mouettes** *(700F; ⊗, C; 97133, ☎05.90.27.77.91, ≠05.90.27.68.19)*, dont le terrain se termine délicieusement dans les flots bleus de la mer. Chacune des petites villas a l'avantage de bénéficier d'un balcon offrant une vue sur la mer, d'une décoration simple et jolie, ainsi que d'une cuisinette. En outre, la proximité de la plage confère à l'endroit une chouette atmosphère de vacances.

L'**Hôtel La Banane** *(1 400F; ≈, ℜ, ≡; 97133, ☎05.90.27.68.25, ≠05.90.27.68.44)* a quant à lui plus de cachet, les chambres étant toutes aménagées dans de jolies maisons créoles de style colonial qui sont cachées sous une végétation luxuriante. Ainsi, les volets, les murs de bois et le mobilier un peu rustique au charme d'antan leur donnent une allure bien à elles, et l'on s'y sent bien.

Autour de Lorient

L'**Hostellerie des 3 Forces** *(840F ou 140$US; ≈, ≡, ⊗, ℜ; Vitet, 97133, ☎05.90.27.61.25, ≠05.90.27.81.38)*, un établissement sympathique, est construit dans les montagnes sur un site d'un calme parfait. Les chambres sont aménagées dans de jolies maisonnettes de bois pourvues d'un balcon d'où vous pourrez contempler les environs. Elles sont simplement meublées mais confortables. Pour s'y rendre, il faut suivre les indications à partir de Lorient.

La Pointe Milou

Passé Lorient, la route serpente à flanc de colline. Puis vous apercevrez les indications menant à la Pointe Milou. En vous y engageant, vous serez vite amené à remettre en question le bien-fondé de votre entreprise : la route très à pic semble mener nulle part. Il faut cependant la suivre jusqu'au bas de la falaise pour arriver aux beaux bâtiments de l'hôtel **Christopher** *(2 500F; ≈, ≡, ℜ; B.P. 571, 97098, ☎05.90.27.63.63, ⇌05.90.27.92.92)*. Vous apercevrez alors le site : une série de bâtiments construits à flanc de falaise, face à la mer. Ils abritent des chambres impeccablement tenues, décorées de meubles de bois. Chacune profite d'une grande terrasse donnant sur la mer et d'une belle salle de bain. On pourrait déplorer le fait que la plage soit quelque peu rocailleuse; fort heureusement, le site est plaisamment aménagé, les visiteurs pouvant profiter d'une très grande terrasse et d'une fort belle piscine.

Anse de Marigot

Au bord de l'Anse de Marigot s'étend une toute petite plage, mais juste à côté s'allonge la plus jolie plage de l'Anse du Grand Cul-de-Sac. C'est sans doute ce qui explique qu'on dénombre très peu d'hôtels au bord de l'Anse de Marigot. Aussi le **Sea Horse Hotel** *(1 050F; ≡, ≈, ℂ; 97133, ☎05.90.27.75.36, ⇌05.90.27.85.33)*, qui a été construit sur les falaises faisant face à cette anse, bénéficie-t-il d'un site calme à souhait. Bien qu'un peu loin de l'océan, les bâtiments ont été conçus de façon à ce que chaque chambre soit pourvue d'une terrasse donnant sur les flots miroitants. On y loue des suites comprenant une cuisinette et, pour ceux et celles qui voudraient se faire des grillades, une terrasse (sur les toits) avec gril est mise à leur disposition. On y loue aussi 10 studios avec cuisinette, stationnement et terrasse face à la mer, pour 1 500F.

Anse du Grand Cul-de-Sac

La plage de l'Anse du Grand Cul-de-Sac est la plus belle de cette partie de l'île, et plusieurs hôteliers s'y sont installés pour profiter de ce beau croissant de sable blond, situé en retrait des villages. Ainsi située loin de l'animation, cette plage est un véritable petit paradis pour vacanciers.

La **Résidence du Bois de l'Angélique** *(750 F; ≈, ≡, ⊗, ℂ; 97133, ☎05.90.27.92.82, ⇄05.90.27.96.69)* a été conçue pour que ses résidants bénéficient d'une vue splendide sur les flots argentés de l'Anse du Grand Cul-de-Sac, qui s'allonge au loin. Les chambres ont toutes une charmante terrasse s'ouvrant sur ce tableau magnifique. Toutes présentent une décoration sobre et aérée, fort agréable quand on veut se mettre à l'abri des chauds rayons du soleil.

Des pavillons situés au cœur d'un charmant jardin abritent les chambres du **El Sereno** *(1 250F pdj avec vue sur le jardin ou 1 500F pdj avec vue sur la mer; ≡, ≈, tv, ℜ; B.P. 19, 97095, ☎05.90.27.64.80, ⇄05.90.27.75.47)*. Elles offrent toutes un joli décor et une petite terrasse ornée de meubles de rotin qui donne sur cette aire de verdure et d'ombre. Certaines chambres, les plus chères, ont vue sur la mer. Un belvédère où ont été installés la piscine et le restaurant surplombe en outre les flots de l'Anse du Grand Cul-de-Sac. L'endroit est agréable à souhait, et la vue y est magnifique.

On ne saurait dire si le jardin du **St. Barths Beach Hotel** *(1 470F; ≈, ≡, ℜ, ℝ; B.P. 580, 97098, ☎05.90.27.60.70, ⇄05.90.27.77.59)* est magnifique, car il est pour ainsi dire inexistant, mais les bâtiments construits directement sur la plage profitent d'un site plaisant. Cet atout est d'ailleurs bien mis en valeur, car toutes les chambres possèdent un petit balcon donnant sur les flots. Vastes, bien entretenues et simplement décorées, les chambres, sans être luxueuses, procurent un confort tout à fait adéquat. La proximité de la mer fait en sorte qu'il y règne en permanence une plaisante atmosphère de vacances à la mer.

Non loin du St. Barths Beach Hotel, et faisant partie du même complexe hôtelier, se trouvent les **Résidences Saint-Barth** *(1 170F; ≡, ≈, ℜ, ⊘, ℂ; B.P. 81, 97098, ☎05.90.27.85.93, ⇄05.90.27.77.59)*. Juchées sur la colline surplombant la baie, les 21 villas de une, deux ou trois chambres sont toutes pourvues de grandes baies vitrées et d'une jolie terrasse où l'on peut passer de beaux moments à contempler le paysage. Pas moins de sept petites piscines sont mises à la disposition des vacanciers, de sorte que chacun puisse s'y sentir tout à son aise.

En entrant au **Guanahani** *(2 280F pdj; ≡, ≈, ⊗, ⊛, tv, ℂ; B.P. 609, 97098, ☎05.90.27.66.60, ⇨05.90.27.70.70)*, vous découvrirez un très beau hall, au plancher foncé et aux murs de couleurs pastel, qui s'ouvre judicieusement sur la mer. Autour de ce bâtiment principal s'étend le vaste jardin où ont été construites les villas qui, avec leurs jolies frises blanches et leurs portes bleu azur, ont beaucoup de charme. Chacune des villas possède une terrasse, et les plus belles ont une piscine privée ou une baignoire à remous. Au bout de ce beau jardin s'allonge la mer.

Anse Toiny

L'Anse Toiny est située sur la côte la plus escarpée de l'île, qui présente des flots toujours agités où l'on ne peut se baigner. C'est face à ces flots déchaînés que le propriétaire de l'hôtel **Le Toiny** *(3 960F; ≡, ≈, ⊗, tv, ℂ, ℜ; Anse Toiny, 97133, ☎05.90.27.88.88, ⇨05.90.27.89.30)* a choisi de construire un hôtel d'un luxe et d'un confort inégalés. Vous pourrez y profiter de luxueuses villas toutes pourvues d'un magnifique plancher de bois et d'un élégant mobilier qui ne les surcharge pas, de sorte que l'on se sent bien dans ces chambres éclairées et aérées à souhait. D'ailleurs, tout y est impeccable, même les salles de bain, qui sont grandes et ornées de marbre. L'avantage indéniable de ces villas est de posséder une terrasse tout en bois, sur laquelle s'ouvrent les chambres et où l'on découvre une piscine privée. Bien à l'écart, Le Toiny profite d'un site d'une exceptionnelle tranquillité.

Colombier

Le mignon bourg de Colombier est niché dans les collines de la partie ouest de l'île. L'hôtel **François Plantation** *(1 500F; ≡, ≈, tv, ℜ; 97133, ☎05.90.29.80.22, ⇨05.90.27.61.26)* a été érigé un peu en retrait de ce paisible bourg, sur un vaste terrain où poussent arbres et arbustes fleuris offrant une ombre délicieuse. Au cœur de cette végétation verdoyante, vous apercevrez les confortables bungalows colorés. Certains donnent sur le jardin, et d'autres, les plus chers, offrent une magnifique vue sur la mer qui s'étend au loin. Le site est une véritable oasis de sérénité.

Passé Colombier, tout au bout de la route, vous apercevrez, perchés dans la colline, les bâtiments du **P'tit Morne** *(800F; ≈, ⊗, ℂ; 97096, ☎05.90.27.62.64, ⇌05.90.27.84.63)*, un établissement qui profite d'une vue imprenable sur les flots qui s'étendent au-delà de l'horizon. D'ailleurs, pour mieux profiter de ce paysage splendide, chaque chambre possède un grand balcon, qui est en quelque sorte une pièce supplémentaire où il fait bon s'asseoir pour contempler la mer au loin. Les chambres, simplement décorées, sont fort bien tenues et sont parfaites pour qui cherche à bien se loger sans dépenser une fortune. Bon rapport qualité/prix.

Anse des Cayes

Une bonne adresse sympa et pas cher se cache dans la colline qui surplombe l'Anse des Cayes, le **Nid d'Aigle** *(400F; ≈; 97133, ☎05.90.27.75.20)*. Situé à flanc de colline, il propose des chambres n'offrant aucun luxe superflu, juste l'essentiel : un lit, une petite salle de bain et une armoire. L'endroit est tout de même propre et profite d'un site exceptionnel d'où la vue est superbe. Une vaste terrasse permet d'ailleurs à chacun de jouir pleinement de ce paysage.

Le **Yuana** *(1 200F; ≈, ≡, ⊗, ℂ; 97133, ☎05.90.27.80.84, ⇌05.90.27.78.45)* est un bel établissement qui fait face aux flots s'étendant au loin. Juché sur une colline, il dispose de plusieurs pavillons abritant des chambres confortables, joliment garnies de meubles de rotin aux belles couleurs pastel.

La toute petite Anse des Cayes est fort mignonne, et c'est au creux du croissant de sable que se trouvent les bâtiments de l'hôtel **Manapany** *(2 300F pdj; ≡, ≈, ⊛, ⊗, tv, ℜ; B.P. 114, 97133, ☎05.90.27.66.55, ⇌05.90.27.75.28)*. Tout blancs, et profitant de grandes baies vitrées s'ouvrant sur la mer, ils abritent des chambres de bon confort. L'hôtel a également l'avantage de posséder un joli jardin où vous pourrez vous promener et vous sentir bien loin du brouhaha.

Anse des Flamands

L'Anse des Flamands est la dernière longue plage de l'île sur la côte nord-ouest. On compte quelques hôtels au bord de cette anse retirée, qui ont su tirer parti de ce beau site naturel.

Tout au bout de la baie des Flamands, vous apercevrez les bungalows de l'**Auberge de la Petite Anse** *(700F; ≡, ℂ; B.P. 153, 97133, ☎05.90.27.64.89, ⇌05.90.27.83.09)*, qui semblent accrochés au bord de la falaise. Mignons à souhait, sans luxe tapageur, ces 16 bungalows sont de véritables petites maisonnettes offrant un confort adéquat (chacun possède une cuisinette) et un site des plus plaisants.

Un très beau bâtiment bleu azur, recouvert de lattes de bois, renferme l'hôtel **Baie des Anges** *(1 300F; ≈, ≡, ℜ, ℂ; B.P. 162, 97133, ☎05.90.27.63.61, ⇌05.90.27.83.44)*. Les chambres agrémentées de belle terrasse sont aménagées de façon à ce que chaque visiteur y trouve son bonheur : une vue magnifique sur la mer et de grandes pièces garnies de meubles de rotin aux couleurs antillaises. En outre, l'établissement dispose d'une belle piscine aménagée à flanc de colline. Loin de l'animation n'ayant pour tout voisin que des flots à perte de vue, le site est quasi idyllique.

Non loin se trouvent les beaux bâtiments de l'hôtel **St-Barth Isle de France** *(2 720F pdj; B.P. 612, 97098, ☎05.90.27.61.81, ⇌05.90.27.86.83)*. La maison principale a été érigée au bord des flots miroitants de la mer et, pour bien profiter de ce site exceptionnel, elle possède une grande terrasse s'ouvrant sur un paysage édénique. Ce bâtiment n'abrite cependant pas les chambres, qui se trouvent dans les villas situées de part et d'autre du vaste terrain. Bien qu'elle ne soient pas construites au bord de la mer, elles sont fort agréables grâce à leur beau mobilier, aux petites attentions des propriétaires, comme ces fleurs et ces jolis rideaux, ainsi qu'à leurs grandes baies vitrées.

RESTAURANTS

Gustavia

À Gustavia, vous n'aurez aucun mal à trouver un bon restaurant, surtout sur le midi, alors que plusieurs d'entre eux vous invitent à leur terrasse et vous proposent un bon menu du jour.

Sur la rue du Roi Oscar II, vous trouverez la **Rôtisserie-Boulangerie** *($; ☎05.90.27.66.36)*, où vous pourrez faire vos provisions en vue d'un pique-nique. Vous y trouverez des sandwichs de toutes sortes, du poulet rôti, de délicieuses pâtisseries, des jus et, si l'envie vous prend de vous gâter, des produits Fauchon.

La **Petite colombe** *($; rue Lafayette, ☎05.90.27.93.13)* propose une belle sélection de viennoiseries, de pâtisseries, de pains et de sandwichs, ce qui fait de cet établissement un endroit idéal pour le petit déjeuner et le déjeuner.

Le Select *($-$$; rue de la France)* est l'endroit tout indiqué si votre estomac réclame un hamburger et des frites. Vous les dégusterez dans la salle à manger en plein air, aménagé dans un jardin donnant sur la rue. L'endroit ne compte pas parmi les plus enchanteurs de Gustavia, mais l'ambiance y est sympathique.

Près du port, vous trouverez plusieurs établissements où vous pourrez prendre une bouchée ou un bon repas dans une atmosphère détendue. Parmi ceux-ci, la **Crêperie du port** *($$; rue Jeanne d'Arc)* propose une bonne sélection de crêpes fourrées.

Si vous avez plutôt envie d'un repas simple et frais, rendez-vous à **La Saladerie** *($$; rue Jeanne d'Arc)*. Le menu n'affiche pas de plats extravagants, mais les salades (chiffonnade de Parme, salade de chèvre chaud) et les pizzas sont toujours bonnes; vous les dégusterez en profitant de l'animation qui règne tout le jour dans le port de Gustavia.

Juste à côté, vous ne pourrez manquer **L'Escale** *($$-$$$; rue Jeanne d'Arc, ☎05.90.27.81.06)*, un resto très populaire le midi comme le soir. Ce sont avant tout l'ambiance décontractée et amicale ainsi que la belle vue sur le port qui ont fait de lui un endroit prisé. Le menu, pour sa part, sur lequel figurent des plats comme la pizza cuite au four à bois et les pâtes gratinées, n'a rien de très innovateur. Les plats y sont correctement apprêtés quoiqu'un peu chers.

Vous n'aurez pas de mal à dénicher **L'Ananas** *($$$; à partir de midi; rue de l'Église)*, coquet restaurant français qui possède une terrasse qui semble cachée par la végétation, et où vous vous sentirez bien au calme. Le midi, le menu affiche des plats sans prétention, comme des salades et des pizzas. Le soir, les plats s'étoffent et vous aurez l'embarras du choix parmi une variété de plats de poisson ou de fruits de mer.

La salle à manger du **Jungle Café** *($$$; midi à minuit; rue Jeanne d'Arc)* présente une décoration des plus chouettes, et c'est dans cet environnement bien différent des traditionnelles terrasses en bord de mer que vous pourrez savourer quelques spécialités exotiques. Des plats thaïlandais et chinois y sont servis le midi et le soir. L'endroit est également un bar prisé (voir p 187).

Un restaurant proposant des mets japonais a pignon sur rue à Gustavia, il s'agit de **L'Iguane** *($$$; tlj sauf dim; rue de la République, ☎05.90.27.88.46)*. Ici, ce sont les sushis et sashimis qui dominent le menu, ces plats de poisson cru qui sont une délicieuse expérience culinaire quand il fait chaud.

La première raison de se rendre au **Repaire des Rebelles et des Émigrés** *($$$; rue de la République, ☎05.90.27.72.48)* est sa belle salle à manger, ouverte sur la marina et garnie de meubles en bois et de plantes vertes; il en émane une douce ambiance de chic vacances à la plage. L'atmosphère se prête à merveille au repas du midi, alors qu'on peut profiter de l'animation qui règne dans les rues. Le soir, l'endroit est tout aussi plaisant, et vous pourrez en outre profiter du menu affichant des plats de poisson et de fruits de mer, toujours bons. On y sert également le petit déjeuner.

Le menu du **Paradisio** *($$$-$$$$; midi et soir, fermé sam et dim; rue Oscar II)* débute ainsi : *«Cette carte change selon les arrivages, la pêche du jour et l'humeur du patron.»* Une garantie que les plats sont toujours d'une fraîcheur impeccable. Quelques plats figurent souvent sur le menu, comme ces succulents médaillons de dorade sauce créole, délicieusement différents, ou ces médaillons de langouste aux lentilles. Le patron, pour sa part, s'assure que le service soit toujours attentionné.

Table respectée depuis des lustres à Gustavia, **Au port** *($$$-$$$$; lun-sam 19h; rue du Centenaire, ☎05.90.27.62.36)* vous ravira tant par sa coquette salle à manger que par ses plats, toujours succulents. La carte vous fera sans doute hésiter un peu, car tant les spécialités françaises (vivaneau au gingembre) que les mets créoles (massalé de cabrit) sont délectables.

En dehors du centre-ville de Gustavia, vous trouverez le restaurant de l'hôtel **Carl Gustaf** *($$$$; déjeuner et dîner; rue des Normands, ☎05.90.27.82.83).* Au magnifique belvédère qui surplombe les flots et la marina, vous profiterez d'une vue sans pareille tout en dégustant des plats élaborés avec art qui combinent les techniques culinaires de la gastronomie française aux produits de la région, la langouste et le poisson occupant une place de choix au menu.

Saint-Jean

À la Villa Créole, au centre de Saint-Jean, vous trouverez la **Rôtisserie-Boulangerie** *($; Villa Créole, ☎05.90.27.73.46)*, qui est en fait une épicerie fine (comme celle de Gustavia) vendant des sandwichs et du poulet rôti.

Au centre de la Villa Créole se trouve le restaurant **La Créole** *($$; Villa Créole)*, tout à fait adéquat à midi, alors qu'on propose un bon plat du jour à prix raisonnable (rognons de veau sauce moutarde à 60F ou pavé de thon à 65F) chaque jour. Si ce menu ne vous convient pas, sachez qu'on y prépare également des plats à la carte, entre autres de délicieuses salades.

Le Pélican *($$$; déjeuner et dîner; ☎05.90.27.64.64)* a l'avantage d'être situé au bord de la mer. C'est sans doute pourquoi certaines entreprises organisant des tours de l'île amènent leurs clients déjeuner ici; l'endroit est d'ailleurs très fréquenté. Cette affluence a quelques désavantages car, si vous vous y rendez le midi, vous devrez sans doute vous contenter d'une place dans la salle intérieure, la terrasse donnant sur la baie de Saint-Jean étant toujours bondée. La popularité du restaurant s'explique aussi par le menu qui affiche de bons plats, comme les moules, le poulet sauce moutarde ou la salade de crabe.

L'une des meilleures tables de Saint-Barth est sans conteste celle d'**Adam Vincent** *($$$-$$$$; ☎05.90.27.93.22)*. Véritable festin pour les papilles, chaque plat est concocté avec art. Que vous optiez pour le menu à 190F (filet de vivaneau grillé aux herbes) ou que vous succombiez à celui de 240F (médaillons de langouste au beurre d'orange), vous êtes certain d'être ravi. Mais un excellent repas est peu joyeux sans un cadre enchanteur, aussi la salle à manger est-elle élégante et domine-t-elle la mer qui s'allonge au loin. Une musique douce vient compléter cette atmosphère romantique, combien agréable.

Loin des villes animées et en pleine nature, le restaurant de l'**Hostellerie des 3 Forces** *($$$; passé Lorient soyez vigilant, un panneau, à votre droite, indique la route à suivre; ☎05.90.27.61.25)* profite d'un site au calme parfait. En soirée, alors que la nuit reprend ses droits, vous aurez l'impression d'être seul au monde, avec les quelques personnes qui ont osé s'éloigner un peu des centres touristiques. C'est dans cet environnement bien particulier que vous pourrez déguster des plats dont, au dire du patron, les recettes n'ont pas changé depuis les 15 dernières années. Certes, tous figurent parmi les classiques de la cuisine française, notamment le magret de canard, le filet de bœuf et la brochette de poisson; sans être innovateurs, ils s'avèrent cependant toujours bons.

Au restaurant de l'**Eden Rock** *($$$-$$$$; déjeuner et dîner; ☎05.90.27.72.94)*, vous pourrez savourer d'excellents plats de fruits de mer ou de poisson dans une atmosphère chic, amicale et plus tranquille que celle du Pélican. Le restaurant est aménagé dans un splendide pavillon de bois qui domine les flots et qui révèle une décoration distinguée. Le menu est un peu cher, mais le site vaut bien cette dépense.

Si vous cherchez un restaurant proposant une cuisine française de qualité, il faut aller au restaurant de l'hôtel **Filao** *($$$$; petit déjeuner et déjeuner; ☎05.90.27.64.84)*. Vous y dégusterez des plats de qualité tout en profitant d'un beau panorama, le restaurant ayant été bâti au bord de la baie de Saint-Jean.

Anse du Grand Cul-de-Sac

Au bord de l'anse, vous apercevrez le sympathique restaurant **Le Rivage** *($$-$$$; déjeuner et dîner; ☎05.90.27.82.42)*, dont les fenêtres s'ouvrent sur la mer de façon à ce que les convives puissent contempler cette vaste étendue miroitante tout en dégustant de bons mets français et créoles. Parmi ces mets créoles, vous retrouverez les traditionnels *accras*, le poisson grillé et le boudin créole. En venant ici, vous aurez le double avantage d'essayer quelques spécialités créoles tout en bénéficiant d'un beau cadre.

Également installée directement sur la plage, la **Gloriette** *($$$; ☎05.90.27.75.66)* propose quelques succulentes spécialités créoles, notamment le colombo de poulet. Le site est splendide, et la décoration très sobre de la salle à manger a été conçue de façon à bien mettre en valeur le superbe tableau de la mer qui s'allonge à perte de vue.

Près de la piscine de l'hôtel El Sereno (voir p 176), vous trouverez le **West Indies Café** *($$$$; ☎05.90.27.64.80)*, dominant les flots. Son site s'avère des plus plaisants au déjeuner, tandis qu'on peut jouir du spectacle de la mer, et le soir, quand le soleil se couche, alors qu'on peut s'offrir une délicieuse cuisine française. Le menu affiche alors des plats aussi tentants les uns que les autres comme cette fricassée de langouste aux petits légumes ou cette minute de gambas souvenirs de Provence; il varie au gré des arrivages.

Anse Toiny

Non loin de l'Anse de Grande Saline, le **Tamarin** *($$$; déjeuner; Salines, ☎05.90.27.72.12)* est un petit resto tout ce qu'il y a de plus coquet pour prendre le repas du midi. Sa terrasse, entourée de mille et une plantes, est délicieusement ombragée; il s'agit de l'endroit idéal pour savourer un carpaccio de saumon ou un tartare. Les vendredis, samedis et dimanches soirs, il est possible de s'offrir des plats plus copieux.

En arrivant au restaurant gastronomique **Le Gaïac** *($$$$; déjeuner et dîner; Hôtel Le Toiny, ☎05.90.27.88.88)*, vous serez accueilli dans une salle à manger décorée avec goût et pourvue de grandes ouvertures donnant sur l'Anse Toiny. Puis, la simple lecture du menu vous mettra déjà en appétit, et vous devrez choisir parmi une vaste sélection de plats tous plus tentants les uns que les autres, comme ces grosses langoustines panées au pain d'épice ou cette poêlée de Saint-Jacques aux échalotes et aux aubergines vinaigrées. Le repas sera fidèle à vos attentes, et vous passerez au Gaïac une soirée mémorable.

Colombier

Belle pâtisserie-boulangerie, la **Petite Colombe** *($; ☎05.90.27.95.27)* prépare de bons sandwichs qu'on peut savourer à l'une des tables de plastique installées sur le minuscule balcon de l'endroit. Il est également possible d'y prendre le petit déjeuner.

Le restaurant de l'hôtel **François Plantation** *($$$$; dîner; ☎05.90.27.78.82)* possède une vaste salle à manger décorée d'un beau mobilier de bois, de chaises de rotin et de grandes fenêtres s'ouvrant sur le jardin qui parviennent à créer une atmosphère chaleureuse. C'est dans ce cadre raffiné que les convives peuvent déguster des plats d'une grande qualité, dignes des meilleures tables de la gastronomie française.

Anse des Cayes

Un repas à l'**Ouanaloa** *($$$$; hôtel Manapany, ☎05.90.27.66.55)* ne peut être que mémorable car, du début à la fin, la succession de plats n'est qu'enchantement pour le palais. Ainsi, vous pourrez débuter votre repas par une entrée de tartare de poisson, puis poursuivre avec l'un des plats savoureux au menu, entre autres le mignon de veau croûte de noisette à la sauce amandine, le filet de bœuf aux graines de café ou la papillotte de poisson local au gingembre rose. Outre des mets toujours savoureux, vous profiterez d'un fort beau site au bord de la mer.

Anse des Flamands

Rien de tel le midi qu'une salade de langouste d'une fraîcheur impeccable, que vous dégusterez à côté de la piscine tout en contemplant les flots azur. C'est entre autres ce que vous réserve le restaurant **La langouste** *($$-$$$; hôtel Baie des Anges, plage des Flamands, ☎05.90.27.63.61).* Idéal à midi, il n'en est pas moins enchanteur le soir, alors que la carte se raffine quelque peu et vous propose des spécialités françaises ou créoles, toujours délicieuses et à prix raisonnables.

À l'hôtel Saint-Barth Isle de France, vous trouverez un mignon restaurant, la **Case de l'Isle** *($$$-$$$$; déjeuner et dîner; ☎05.90.27.81.61)*, où l'on fait une bonne cuisine française classique. On y prépare de bons repas et, si vous aimez particulièrement les salades et les plats de poisson, vous serez ravi car ils occupent une place de choix au menu.

SORTIES

Il règne une animation intense à Saint-Barthélemy durant le jour mais, en soirée, alors que le soleil se couche et qu'il fait nuit noire, l'île semble vivre au ralenti, les gens sortant essentiellement au restaurant pour terminer la journée autour d'un bon repas. Il existe tout de même quelques bars et discothèques pour les gens désirant danser ou prendre un verre. Hormis ces quelques établissements, vous pourrez vous amuser les jours de fête, alors que plusieurs activités sont organisées. En fait, l'île a de quoi plaire à tous, sauf peut-être aux personnes désirant jouer au casino car il n'y en a aucun dans l'île.

Gustavia

Dans la ville, on trouve quelques bars agréables où vous pourrez vous amuser dans une atmosphère détendue. Ainsi, vous pouvez vous rendre dans le jardin très simple du **Sélect** *(rue France)*, parfait pour prendre une bière dans une ambiance sympathique. Certains soirs de fête, des musiciens viennent animer la soirée.

Juste en face, le **Bar de l'Oubli** *(rue de la France)* est envahi dès 18h, alors qu'une clientèle jeune s'y rend pour débuter la soirée. Jusqu'à tard dans la nuit, l'endroit ne désemplit pas. Il est parfait pour siroter un verre tout en contemplant la nuit tomber sur Gustavia.

Si vous préférez un endroit d'où l'on aperçoit la marina, allez au bar **L'Escale** *(rue Jeanne d'Arc)*. Ici, l'atmosphère est enjouée et la musique, entraînante; on y propose un bon choix de cocktails.

Pour une soirée plus tranquille, vous pouvez opter pour le piano-bar du restaurant **L'Ananas** *(rue de l'Église)*.

Il est également possible d'aller terminer la journée au **Repaire des rebelles et des émigrés** *(rue de la République)*, où vous profiterez d'une superbe salle donnant sur la marina et d'une ambiance à la fois chic et détendue. Table de billard.

Le fort agréable **Jungle Café** *(rue Jeanne d'Arc)* est sans doute le meilleur endroit dans l'île pour passer la soirée. Ponctué de meubles de rotin, de pièces d'artisanat venant de tous les coins d'une monde et d'une lumière délicieusement tamisés, il a tout d'un bar de vacances. Vous pouvez également opter pour la terrasse donnant sur la marina. Il est fréquenté par une clientèle de tout âge.

Le bar de l'hôtel **Carl Gustav** se distingue par son piano-bar, où vous pourrez profiter d'une douce animation.

Saint-Jean

La Créole *(centre commercial Saint-Jean)* est à la fois un restaurant où l'on peut prendre un repas simple et un bar sans façon où l'on peut siroter un cocktail. Avec sa mignonne terrasse, l'établissement est sympathique.

L'**Eden Rock** a été construit directement sur la plage de Saint-Jean, et c'est en profitant d'un site vraiment fabuleux que vous pourrez prendre un verre. L'endroit attire une clientèle aisée.

Le bar de l'hôtel **Filao** *(Saint-Jean)*, aménagé au bord de la mer, a une vue magnifique.

Anse du Grand Cul-de-Sac

À l'Anse de Grand Cul-de-Sac, le bar de l'hôtel **El Sereno** est des plus agréables pour siroter un verre dans une ambiance tranquille tout en contemplant le tableau de la mer.

Le spectacle du **Cabaret La Banane** *(réservation, ☎05.90.27.64.80)* se tenait jadis à l'hôtel La Banane, mais des plaintes du voisinage ont forcé les hôteliers d'y mettre fin. Désormais, le spectacle (de la troupe de feu Jean-Marie Rivière), toujours d'une bonne qualité, est présenté à l'hôtel El Sereno (voir p 176).

Les mercredis soirs, le restaurant de l'hôtel **Guanahani** se fait moins paisible et vibre sur des airs des Antilles, alors qu'une troupe de danseurs s'y produit.

ACHATS

L'île est un véritable paradis pour le magasinage, car aucun produit n'est taxé; aussi cette activité est-elle vite devenue l'une des plus populaires. Pour répondre aux nombreux clients qui les visitent, les boutiques de l'île regorgent de marchandises de toutes sortes, souvent de bonne qualité : bijoux, articles de maison, vêtements, parfums, cosmétiques. La majorité de ces commerces se trouvent à Gustavia et dans les centres commerciaux de Saint-Jean.

Les boutiques ouvrent dès le matin (8h), presque toutes ferment sur l'heure du déjeuner (entre 12h et 14h), et elles rouvrent ensuite jusqu'à 17h ou 18h. Elles sont fermées le dimanche.

Gustavia

Vêtements et accessoires

Si vous aimez les beaux vêtements des couturiers français ou italiens, laissez-vous charmer par les chics établissements **Cacharel** *(rue du Général de Gaulle)*, **Gucci** *(rue du Bord de Mer)* et **Ralph Lauren** *(rue Auguste Nyman)*.

Pour des vêtements d'un style classique mais à des prix relativement abordables, vous pouvez aller faire un tour du côté de **Pati Sérigraphie** *(rue Schœlcher)* ou de chez **Stéphane et Bernard** *(rue de la République)*.

Les boutiques **Calypso** *(rue de la République)*, **Outremer** *(rue de la République)* et **Kanelle** *(rue du Général de Gaulle)* sont trois bonnes adresses à connaître en ville si vous cherchez de jolis vêtements de plage et des maillots de bain. La boutique **l'Homme et la mer** *(rue du Général de Gaulle)* présente, pour sa part, une belle collection de vêtements de plage pour hommes.

Vous êtes collectionneur de t-shirts? Vous aurez l'embarras du choix à Gustavia. Quelques boutiques se démarquent par leur sélection de t-shirts aux couleurs antillaises, comme c'est le cas pour les boutiques **Couleurs des îles** *(rue du Général de Gaulle)* et **Hookipa** *(rue du Bord de Mer)*.

Un peu partout dans l'île, vous remarquerez des gens portant de chouettes t-shirts arborant le logo **St. Barth West French Indies**; vous les trouverez à la boutique du même nom sur la rue de la République.

Les t-shirts les plus branchés sont peut-être ceux vendus à la boutique **St. Barth d'Abord** *(Quai de la République)*. Ils se parent tous de l'effigie d'un pavillon qui ornait jadis les bateaux des habitants de l'île.

La boutique **Linnz'e** *(rue de la France)* a de quoi regarnir votre garde-robe de superbes maillots, bikinis et paréos.

Les enfants ne sont pas en reste chez **Clémentine et Julien** *(rue du roi Oscar II)*, qui propose de très beaux vêtements pour les tout-petits (0 à 14 ans). Pyjamas, pantalons, jupes, chapeaux... vous y trouverez certainement de quoi habiller vos petits trésors.

Souvenirs et cadeaux

Vous pourrez vous procurer des affiches de **Martine Cotten** *(rue de la République)*, qui peint des scènes antillaises, fort mignonnes et pleines de romantisme.

Pour un souvenir, une statuette ou quelque objet décoratif, **La Quichenotte** *(rue du Centenaire)* et **Papagayo** *(rue du Général de Gaulle)* présentent une belle collection d'artisanat créole.

Amateur de voile, vous trouverez tout ce dont vous avez toujours rêvé chez **Loulou's Marine** *(rue de la France)*.

La **Petite maison de Marie St. Barth** *(rue du roi Oscar II)* est une bonne adresse à connaître pour qui cherche à faire de jolis cadeaux. On y trouve des objets pour la maison, de la vaisselle aux serviettes de bain, et des vêtements de bonne qualité et fort joliment ornés du logo de la boutique.

Saint-Jean

Vêtements et accessoires

À la boutique **Black Swan** *(Villa Créole)*, vous aurez l'embarras du choix si vous cherchez des maillots de bain de bonne qualité et des vêtements de plage.

Juste à côté, **Surf Shop** *(Villa Créole)* propose également de chouettes maillots de bain, à la coupe un peu plus sport.

Biba *(centre commercial Saint-Jean)* est une autre bonne adresse pour les maillots de bain.

Pour des vêtements de tous les jours, d'une coupe classique, il faut aller chez **Stéphane et Bernard** *(La Savane, face à l'aéroport).*

Vous aurez sûrement la chance de dénicher quelque jolis vêtements bien adaptés au climat de l'île en vous rendant chez **Morgan** *(Villa Saint-Jean)*.

Bijoux

Kornerupine *(Villa Créole)* présente également une belle collection de bijoux de coquillage, d'argent ou d'or.

Épicerie

En face de l'aéroport, vous trouverez un hypermarché **Match** *(Saint-Jean),* où vous pourrez faire toutes vos provisions.

Souvenirs et cadeaux

T-shirts de Saint-Barth et produits de beauté de la ligne de Saint-Barth, vous les trouverez chez **Made in Saint-Barth** *(centre commercial Saint-Jean)*, ainsi qu'une foule d'autres produits de qualité fabriqués dans l'île.

Lorient

Parfums et cosmétiques

Cependant, si vous recherchez des produits plus typiques de Saint-Barth, allez absolument faire un tour dans la boutique **La Ligne de Saint-Barth** *(route de Saline)*. On y vend une ligne de produits de beauté faits sur place à partir d'ingrédients naturels.

Épicerie

Deux épiceries se retrouvent côte à côte à Lorient, à savoir le **Mini Mart** et le **Jojo Supermarket**, toutes deux parfaites pour faire vos courses.

INDEX

INDEX

BON DE COMMANDE

GUIDES DE VOYAGE ULYSSE

- ☐ Abitibi-Témiscamingue et Grand Nord 22,95 $
- ☐ Arizona et Grand Canyon 24,95 $
- ☐ Bahamas 24,95 $
- ☐ Belize 16,95 $
- ☐ Boston 17,95 $
- ☐ Calgary 16,95 $
- ☐ Californie 29,95 $
- ☐ Canada 29,95 $
- ☐ Charlevoix Saguenay – Lac-Saint-Jean 22,95 $
- ☐ Chicago 19,95 $
- ☐ Chili 27,95 $
- ☐ Colombie 29,95 $
- ☐ Costa Rica 27,95 $
- ☐ Côte-Nord – Duplessis – Manicouagan 22,95 $
- ☐ Cuba 24,95 $
- ☐ Cuisine régionale au Québec 16,95 $
- ☐ Disney World 19,95 $
- ☐ El Salvador 22,95 $
- ☐ Équateur – Îles Galápagos 24,95 $
- ☐ Floride 29,95 $
- ☐ Gaspésie – Bas-Saint-Laurent - Îles-de-la-Madeleine 22,95 $
- ☐ Gîtes du Passant au Québec 13,95 $
- ☐ Guadeloupe 24,95 $
- ☐ Guatemala 24,95 $
- ☐ Honduras 24,95 $
- ☐ Hôtels et bonnes tables Au Québec 17,95 $
- ☐ Jamaïque 24,95 $
- ☐ La Nouvelle-Orléans 17,95 $
- ☐ Lisbonne 18,95 $
- ☐ Louisiane 29,95 $
- ☐ Martinique 24,95 $
- ☐ Miami 18,95 $
- ☐ Montréal 19,95 $
- ☐ New York 19,95 $
- ☐ Nicaragua 24,95 $
- ☐ Nouvelle-Angleterre 29,95 $
- ☐ Ontario 27,95 $
- ☐ Ottawa 16,95 $
- ☐ Ouest canadien 29,95 $
- ☐ Panamá 24,95 $
- ☐ Pérou 27,95 $
- ☐ Plages du Maine 12,95 $
- ☐ Portugal 24,95 $
- ☐ Provence – Côte-d'Azur 29,95 $
- ☐ Provinces Atlantiques du Canada 24,95 $
- ☐ Puerto Rico 24,95 $
- ☐ Le Québec 29,95 $
- ☐ Le Québec et l'Ontario de VIA 9,95 $
- ☐ République dominicaine 24,95 $
- ☐ San Francisco 17,95 $
- ☐ Toronto 18,95 $
- ☐ Vancouver 17,95 $
- ☐ Venezuela 29,95 $
- ☐ Ville de Québec 17,95 $
- ☐ Washington D.C. 18,95 $

ULYSSE PLEIN SUD

- ☐ Acapulco 14,95 $
- ☐ Cancún – Cozumel 17,95 $
- ☐ Cape Cod – Nantucket 17,95 $
- ☐ Carthagène (Colombie) 12,95 $
- ☐ Puerto Vallarta 14,95 $
- ☐ Saint-Martin – Saint-Barthélemy 16,95 $

ESPACES VERTS

- ☐ Cyclotourisme en France 22,95 $
- ☐ Motoneige au Québec 19,95 $
- ☐ Le Québec cyclable 19,95 $
- ☐ Randonnée pédestre Montréal et environs 19,95 $
- ☐ Randonnée pédestre Nord-est des États-Unis 19,95 $
- ☐ Randonnée pédestre au Québec 22,95 $
- ☐ Ski de fond au Québec 22,95 $

GUIDES DE CONVERSATION

☐ L'Anglais pour mieux voyager en Amérique 9,95 $
☐ L'Espagnol pour mieux voyager en Amérique latine 9,95 $
☐ Le Québécois pour mieux voyager 9,95 $

JOURNAUX DE VOYAGE ULYSSE

☐ Journal de voyage Ulysse (spirale) bleu – vert – rouge ou jaune 11,95 $
☐ Journal de voyage Ulysse (format de poche) bleu – vert – rouge – jaune ou «sextant» 9,95 $

Budget • zone

☐ •zone Amérique centrale 14,95 $
☐ •zone le Québec 14,95 $

TITRE	QUANTITÉ	PRIX	TOTAL

Nom ____	Total partiel	
Adresse ____	Poste-Canada*	4,00 $
____	Total partiel	
Paiement : ☐ Comptant ☐ Visa ☐ MasterCard	T.P.S. 7%	
Numéro de carte ____		
Signature ____	TOTAL	

ULYSSE L'ÉDITEUR DU VOYAGE
4176, rue Saint-Denis, Montréal (Québec)
☎ (514) 843-9447, fax (514) 843-9448, H2W 2M5

Pour l'Europe, s'adresser aux distributeurs, voir liste p 2.
* Pour l'étranger, compter 15 $ de frais d'envoi.